幸福女人的财商课

陈念 著

中国铁道出版社有限公司
CHINA RAILWAY PUBLISHING HOUSE CO., LTD.

图书在版编目（CIP）数据

幸福女人的财商课 / 陈念著.—北京：中国铁道出版社有限公司，2023.5

ISBN 978-7-113-30073-9

Ⅰ.①幸… Ⅱ.①陈… Ⅲ.①女性－私人投资－通俗读物 Ⅳ.①F830.59-49

中国国家版本馆CIP数据核字（2023）第048012号

书　　名：幸福女人的财商课
XINGFU NÜREN DE CAI SHANG KE

作　　者：陈　念

责任编辑：马慧君　编辑部电话：（010）51873005　电子邮箱：jingzhizhi@126.com

编辑助理：荆然子

封面设计：仙　境

责任校对：苗　丹

责任印制：赵星辰

出版发行：中国铁道出版社有限公司（100054，北京市西城区右安门西街 8 号）

网　　址：http://www.tdpress.com

印　　刷：国铁印务有限公司

版　　次：2023年5月第1版　2023年5月第1次印刷

开　　本：880 mm × 1 230 mm 1/32　印张：6.5　字数：129千

书　　号：ISBN 978-7-113-30073-9

定　　价：59.00元

序

如果说家庭是一家创业公司，我就是这家公司的 CFO（首席财务官）。多年来我一直为自己的家庭打理财富。

回望过往的投资决定，仍历历在目。毕业 5 年的我从银行取出沉甸甸的现金第一次在上海买房时，想到人生将背负贷款，负重前行，手心里密密麻麻全是汗。第一次参与二级市场投资，相继开通 A 股、港股……账户后，兴奋、茫然、憧憬，而立之年的我一边摸索，一边开始积攒薪资以外的财富。第一次可转债中签，刚刚开始创业的我感谢自己的坚持，也迫不及待地将经验分享给对投资感兴趣的朋友。因为我相信，分享使人成长，也使人更加强大。

回望自己 16 年的家庭生活，我也不是一开始就懂得财富管理，并胜任家庭 CFO 这一角色。即使在金融行业待了快 10 年，仍然干过不少傻事：听消息、站山岗、买错产品等。甚至很长一段时间忙于创业，压根没心思打理家庭财富。

直到有一天，我无意中做的一笔投资，在 3 年内带来了几倍回报，堪称意外之喜。可惜当初本金投入太少。于是我萌生了一个念头，能不能让家庭的资金安全、高效地运转起来呢？亚马逊的创始人贝佐斯曾提出“飞轮效应”，是指要想使轮子转起来，最初必须使用很大力气，才能让轮子慢慢启动。随着飞轮的转动，它的速度会越来越快。达到某个临界点时，飞轮就会依照惯性自动转动，而且很难停下来。

有了这个想法后，我阅读了大量的图书和文章，不断地在线上和线下听课，每学到一个方法，都实践。我认为自己并不是一个聪明人，胜在热爱学习，曾以 35 岁的“大龄”考上 MBA，并先后进入清华大学、复旦大学进修，不断拓宽自己对财富和人生的认知维度。

沉浸在财富之旅的探索中，我发现家庭财富的积累同样可以运用“飞轮理论”，即最初花很多时间去学习，投入一些金钱下场去尝试，推动财富飞轮的启动。随着投资组合越来越适合自己，会进入自动循环的过程中，而且启动越早，财富积累就越多。

这个发现让我非常兴奋。我一边努力探索，一边作为女性理财入门导师，用视频、邮件、面谈等形式，倾听咨询者们关于理财的喜怒哀乐，帮助她们卸下焦虑，勇敢、正确、坦然地追求财富。

目前，我的女性理财课程已经影响了上万个家庭，这让我想起经常参加的马拉松和越野跑比赛，和同频的人一起奔跑，互相加油打气，彼此鼓励支持，能够跑得更长远，战绩更好。

而这也正是我写下本书的初心。很多人问我，我也很需要理财？到底该怎么做呢？最初，我尝试着推荐一些书，比如基金、债券、理财等方面的入门书。可是又有人问我，对理财刚入门或期待入门的女性来说，能不能只看一本书，就抓住要点，快速了解家庭理财的基本规律和工具，边实践边成长呢？

在朋友们和咨询者的鼓励下，我决定了，干脆自己写一本书吧！从一个女性、一个妈妈、一个家庭理财师的角度，分享我和家人的理财实战经历，以及在投资的路上如何和伴侣不再相互埋怨、争吵，而是寻找契机，共同前行。当然，我也非常推荐你根据当下的需要，尽可能多阅读一些理财类、心理类、认知类书籍，找到属于自己的财富和心灵力量，从而选择不一样的人生。

关于本书的使用方法，我的建议如下：

如果你对理财无比渴望，但迟迟没有开始行动，可以先从第一章读起。你的内心缺乏“安全感”吗？也许你衣食无忧，可在某些夜晚，是不是仍会怀疑，会不会有一天，这些财富都会离“我”而去？如果生活发生重大变动，“我”能不能扛得住呢？

这些年来，我最深的感触是金钱本身不能带来安全感，但持续去学习理财，不断提升自己的能力，却能让自己获得极大的安心。

如果你对投资特别有兴趣，可以先翻阅第二章到第四章。我写了如何存钱、买指数基金、买主动基金、买可转债、买股票，以及黄金交易、艺术品收藏等，涉及的品种比较多。

你可能会疑惑，有必要涉猎那么多品种吗？不好意思，我平时就是一个“贪心”的人，兴趣广泛。而这些品种都属于比较主流的投资方式，所以我都尝试了一遍，再从中选出自己最心仪的品种和方法。

研究这么多品种，还有一个原因是理财红利在不断转移，就像玩打地鼠游戏一样。也许你听过港股打新获利颇多，或者 A 股打新只要中签都能有所收益，等等。这些“辉煌”确实存在过，可惜历史不代表未来，有些策略正在失效中。

当然，你也可以做一个专一的人，重点买其中几个品种。同时再送你十二字箴言，“低风险，分散买，自思考，保本金”。

保险对一个家庭也是不可或缺的。第五章里我分享了自己购买保险的经验、困惑，以及平时被问到最多的养老问题。

第六章探讨的是婚姻中与伴侣金钱相对独立，又彼此融合的成长问题。如果两人能共同成长，彼此扶持的话，家庭财富飞轮的转速将大大加快。反之，会拖慢前进的速度。我还发现，90%的女性咨询者在追求财富的道路上前行时，障碍不是如何快速学习“理财技能”，而是伴侣的态度和认可。

第七章探讨的是父母如何同孩子沟通金钱的问题，培养孩子的财商。我目前作为特邀少儿财商讲师，长期在上海的小学、中学上课。不论学校是否开设相关课程，家庭仍然是培养孩子财商思维重要的地方。

在举办父母财商讲座时，我经常会建议父母用两个方法来和孩子沟通。

第一个方法是场景法。当孩子问我们有没有钱，是否富裕，或者家庭成员碰到金钱问题时，都是帮助孩子了解金钱运转规则和投资风险，身体力行传递金钱观的最佳时机。

第二个方法是零花钱法。每周或每月给孩子发放零花钱，可以保证他们有一笔固定的资金可以规划。在一个安全的范围内，以零花钱为载体，让孩子学习为自己花钱和为别人用钱。对孩子来说，认识金钱，管理欲望，了解世界是财商培养很重要的一步。

这本书覆盖了女性打理家庭资产的方方面面，都来自我的投资实践、财商课堂教学经验，以及反复思考后领悟到的知识。适合你放在手边，在生活中碰到投资机会，或者和伴侣、孩子沟通金钱问题时，拿出来翻看一下。

我常常觉得，对于步入婚姻的女人来说，管理家庭钱财的难度要远远高于单身的时候。打理家庭财富，就像打理花园一样，需要小心翼翼，方能四季常青。

我设定了家庭理财的目标：第一，有生之年，家庭所有资产都能平衡增长，享受时间的复利；第二，和家人沟通同步，压力共担，让金钱成为通往幸福关系的路径；第三，和孩子持续分享、探讨金钱观，支持他独立、积极、自在地探索财富世界。

不知你是否也有同感，如果你希望理财的道路上有人解惑、同行，欢迎关注我的公众号。

公众号

凡是过往，皆为序章。期待与你一起在财富花园中兴致勃勃、闲庭信步地并肩游玩。

目录

第一章

做财务独立的女人，获得安全感

“幸福，它如此温暖动人，和财富密切相关，却不止如此。

享受幸福是需要学习的，当幸福即将来临的时刻需要常常提醒自己注意幸福，就像在寒冷的日子里经常看看太阳，心就不知不觉暖洋洋亮光光。”

制定合理的目标，就像架起了一座通向财务独立和幸福的桥梁。

第一节　安全感是自己给自己的

前两年，一位咨询者私信我，大概内容是：

这位咨询者是全职妈妈，先生负责赚钱。她每天做饭、打扫、接送和照顾孩子，包揽了所有家庭琐事。先生收入稳定，对她也很好，只是有一点让她感到不安：经济上，除了生活基本开支，任何其他花费都要先征得先生同意。

这使得她对未来颇为担心，家庭经济收入都依赖先生，万一他失业，抚养孩子和支撑家庭生活的钱从何而来？万一婚姻变动，离开对方又该如何生活？她很希望做出一些改变来增强对生活的掌控感，又不知道从何开始。

听完她的诉说，我其实有一点点心疼。一个女人缺乏财务自主权时，很容易缺乏安全感，也会陷入焦虑、恐惧、自我怀疑中。

一、为什么女人容易缺乏安全感

安全感是一个人的生活中无论出现什么样的状况，身心方面都能应对的有力感。对女人来说，安全感往往来自两个方面：

一是财务层面，有经济收入和独立支配财富的能力

这位妈妈照顾孩子，支持家庭，对家庭财富增长有重要贡献，所有的收入本应包含“全职妈妈”那一份。但是在传统观念里，全职妈妈的价值很难显化，也没有明确的经济衡量标准，这使得全职妈妈对自己评价往往较低。

她的先生控制欲又比较强，想要掌控家里的每一笔支出。使用家庭资金时，她不能有充分的自我意识，更谈不上打理家庭资产，这种经济上的无力容易引发生活的无力感，进而引发对未来的担忧。

二是关系层面，有稳定且能彼此支持的家庭关系

在婚姻关系中，伴侣之间不仅仅需要嘘寒问暖、互相照顾，更需要坦诚沟通，共同分担经济压力和家庭责任，否则关系就容易出现失衡。

二、现实安全感：经济独立很重要

我对这位妈妈说：有一只鸟儿站在树枝上，树枝可能随时会

折断。但是鸟儿一点儿也不担心，因为它相信的不是树枝，是它自己的翅膀。

你就像暂时被捆住了“翅膀”的鸟儿，想要化解担忧，可以先试着锻炼在现实世界中经济独立的能力。

经济独立能力之一：找到自己的天赋所在，拥有独立可支配的钱

经济独立的基础是拥有可以独立支配的钱。对这位全职妈妈来说，可以和先生坦诚沟通，商量一个可自由支配的额度，在这个额度之内，先生不过问具体的花费，全权让她做主。

要经济独立，可以尝试建立自己的“现金流管道”。比如，有一位宝妈阿苏，她选择了将部分家务外包，每天为自己留出3~4 个小时的“独立时间”。最初，她也不知道如何开展自己在家庭之外的独立事业。在咨询后，她尝试着画出自己的“财务独立计划灵感图”，终于找到了自己的方向。

在“财务独立计划灵感图”中，天赋是一个人的独门武器，热爱能让人感受到自己的人生价值，技能是一个人的专业，这三者可以自由组合出多个财务独立计划。

阿苏从小最擅长，觉得最不费力的事情就是做手工，她做的饰品朋友都很喜欢。而她最喜欢的事情是和小动物待在一起。在做全职妈妈之前，她的工作是出纳。以此为基础，她拟定了三个

“财务独立灵感计划”，分别是：

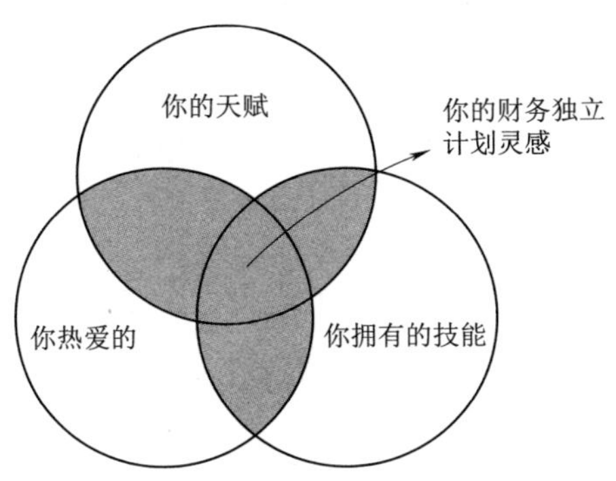

第一，制作宠物衣物，在朋友圈售卖，积累经验后，再考虑在线上和线下商店代售，获得分成；

第二，在一家宠物医院兼职，运用自己的出纳经验，帮助公司做账务管理；

第三，在自媒体平台上分享自己做宠物衣服的过程和成品图片。

结合时间和经济回报等因素，她最终确定了出售制作的宠物衣物，以在朋友圈自售和代售的方式获得分成。

如果你也想财务独立，又不知从何着手，也可以尝试画一画自己的“财务独立计划灵感图”。拟订好财务独立计划后，最好通过简化的、成本可控的方法，结合自己拥有的时间、所在的地域、已有的社交网络等资源，快速验证计划是否可行，是否能带来足够的经济回报。

财务独立的能力之二：增厚手上的本金，保护自己和家庭

在拥有独立可支配收入的基础之上，借助理财，进一步“放大”本金。对女人来说，理财不用花太多时间，可以兼顾子女和家庭。只要选对投资工具，加上时间的孵化，就能创造合理的被动收入。

有不少女性坚持用最简单的定投指数基金方式，7 年下来平均年化收益约 8%，远高于银行储蓄。她们所花的时间就是在每年年初的时候，看一看是否需要调整策略。之后每个月按时扣款，分散买入几只基金。

理财并没有想象中那么难。难的是愿意花时间去学习、去坚持，不走捷径，考验的是心性和耐力。

三、自我安全感：看到“我”真正害怕的是什么

对女人来说，经济独立能够帮助我们建立现实安全感，但随之而来的问题是，物质安全了，心里却始终惴惴不安，总是担心对未来准备不够充分，始终体验不到安全感。该怎么办呢？

分享一个简单有效的心理学方法：对话疗法。用“自问自答”的形式不断对自己提问，找出“我”真正害怕的是什么。也可以借助 OH 卡牌（心理学游戏）、教练式提问法、梦想图等多种辅助方式，持续探寻自己头脑深处的金钱潜意识。

提到金钱，“我”的情绪是怎样的？

如果没钱，“我”最担心什么？害怕什么？

担心和害怕是真实存在的，还是想象的？

有适合自己的、弹性的收支规划吗？

……

这些问题将引导自己思考，哪些是现实，哪些是想象。如果还没有建立自己的“现金流管道”，没有制订长期的家庭财务规划来分散风险，那么就去制定目标，分解行动计划。行动可解忧，当你专注创造一件事情时，将很少有时间恐慌。

四、亲密关系安全感：先把自己照亮，才能给他人带来光

建立现实中的安全感是一个自我完善的过程。在亲密关系中建立安全感，要求更高一些，既要有自我，还要有彼此。

在婚姻中，两个人的经济安全感常常是不同步的。有时候，伴侣可能成为我们安全感的软肋。

有咨询者说，她的工作稳定，但伴侣的工作一直在变动中。虽然家庭收入还过得去，可是她总担心对方收入万一中断了，怎么负担家庭开支？

有时候，两个人在经济问题上表现得都过于自我。比如都想

掌握家庭的“财务权”，都想让对方的收入透明化，却又不希望对方干涉自己，也不想公开自己的收入。

这种情况下该如何建立亲密关系安全感呢？

心法一：筑好家庭的财富围墙

家庭的财富围墙由两部分组成：资产和现金。

资产是指能带来现金流，或者跑赢通货膨胀的财物，比如房产、基金、有价值的收藏品等。

现金储备量最好能覆盖家庭未来六个月至一年的必要开支，这部分钱可以放在短期理财里面。

筑好家庭的财富围墙，就算夫妻任何一方收入中断，甚至两个人都失业，也会比较安心。

心法二：先把自己照亮，才能给他人带来光

女性喜欢学习和沟通，所以在建立亲密关系安全感时，常常是主动往前走一步的人。先把自己照亮，才能给他人带来光。

亲密关系中，财富管理并无定式。两个人可以合作式理财，或者以更有学习意愿、时间和精力的一方为主，或者探索其他的模式。固守己见会让思想狭隘化，失去创造力。真正的双赢是家庭财富合理优化，且生活幸福。

心法三：将“问题”变成“资源”

两个人进入亲密关系中，总是带着各自性格、成长环境、家

庭背景和财富观的烙印。如果可能，最好在婚前了解清楚对方的财富态度。一旦双方在财富观上有很大分歧，相处将变得非常艰难。

对于非原则性的经济问题，最好的方式是在互补中成长。曾经有一对夫妻咨询者，妻子心细、谨慎，先生大大咧咧、爱冒险。妻子责怪先生投资太激进，让她担心；先生嫌妻子保守，对家庭收入贡献太少。

后来，我为这对夫妻做了一次历史投资模拟测算，发现如果没有妻子的稳健投资平滑收益曲线，先生可能在熊市时要割掉一部分后来盈利的股票。而如果没有先生的股票投资提升家庭的整体投资收益，家庭投资可能只是略微跑赢银行利息。

两个人尽管性格和风险偏好有差别，但正是因为不一样，反倒变得互补。

在亲密关系中，财务的问题表面是收支，实质是情绪、看问题的视角和习惯性思维。问题不只是问题，也可以是解决问题的资源，是通往新世界的成长之路。

▼ 第二节　做财务独立女人的三条指南

100 多年前，《一间自己的房间》的作者弗吉尼亚 · 伍尔夫说过一番当时惊世骇俗的话，“我希望女人可以尽己所能，想方设法给自己挣到足够的钱，好去旅游，去无所事事，去思索世界的未来或过去，去看书、做梦或是在街头闲逛，让思考的渔线深深沉入这条溪流中去。”

当女人全身心投入自己喜欢的事情时，努力实现财务独立，能给予自己底气、信心和行动力。

什么样的标准才能财务独立呢？某学者将财务梦想分为五级，依次为财务安全、财务活力、财务独立、财务自由及绝对财务自由。财务独立位于财务梦想的第三级，在财务上摆脱了仅靠工作谋生的状态。

财务梦想的五重境界

层　级	名　称	含　义
第一层级	财务安全	财务安全是指保障基本生活（衣、食、住、行、教育、医疗等）所需的状态
第二层级	财务活力	财务活力是指在财务安全的基础上，还有余钱可用于享受生活
第三层级	财务独立	财务独立是指在财务上摆脱了靠工作谋生的状态
第四层级	财务自由	财务自由是指过上了自己想要的生活，可以去做很多此前想做但没能力做的事
第五层级	绝对财务自由	绝对财务自由是指有足够能力去实现人生的梦想，可以按照自己想要的方式去生活

也可以说，当你的收入大于开支时，就实现了财务独立。

一、财务独立指南之一：愿意为财务独立花费时间

畅销书“富爸爸系列”的作者罗伯特·清琦的太太金·清琦，37 岁时就实现了财务独立。不管罗伯特·清琦的事业做得多大，金坚持财务独立的想法从来没有动摇过。

金给女人财务独立法则是：女人要坚持以“财务独立”为人生目标，且愿意为此花费时间。这也可以作为女人的第一条财务独立法则。

首先，她花费大量时间**了解投资规律和工具，不断寻找回报率更高的投资品。**

什么是投资回报率呢？即利润与投资总额的比值。比如投资者买的艺术收藏品，投资了 20 万元，10 年后翻倍，年化投资回报率就是：

20 万元（收益）/20 万元（本金）/10（年）× 100%=10%

其次，金花了很多时间，与多个国家的女性面对面沟通财务问题，**分享自己的财务自由实践经验。**在她的影响下，越来越多的女性花时间参与投资。这给予了金信心，她在投资的路上也越来越坚定。

金小的时候就确立了自己的“财务边界”，长大后不依靠先生、父母或者任何其他人，坚持独立生存。在金看来，只要女人愿意为“财务独立”花时间、花精力，就能实现财务独立。她自己就是最好的实践。

二、财务独立指南之二：拥抱成长型思维

当女人坚定了“财务独立”的信念，准备往前迈步时，脑海里可能会冒出一个担忧，自己就是普通人，不喜欢数字，投资知识也不丰富，真的能打理好自己的财富吗？

第二条财务独立法则是：女人别害怕不擅长，培养成长型思维，努力学习。

心理学作家、斯坦福大学教授卡罗尔·德韦克发现，人的思维分为两种模式：一种是固定型思维，一种是成长型思维。

她做过一个拼图试验。固定型思维的孩子，尝试无果后，会责怪自己记性不好。当拼图的难度提高时，他们如果总是拼不出来，最终会选择放弃拼图。

成长型思维的孩子，当拼图越来越难的时候，他们没有抱怨游戏变得不好玩，还不断地给自己积极的心理暗示，最终把拼图拼好。

40 多年来，德韦克一直在论证不同思维模式与成败之间的关系，最终发现：思维决定命运。

固定型思维的人，用经验来解释世界。十分在意是否有确定的路径、唯一的答案。

成长型思维的人，开放地接纳世界，认为学习应该像呼吸一样无处不在。投资从不会到会，最简单的方式就是去问、去学，尤其要向专业人士学习。

专业人士包括两种：

一种是公认的投资大师和投资专家，比如沃伦·巴菲特和他的搭档查理·芒格。

他们每年在伯克希尔·哈撒韦股东大会上的答问，以及为伯克希尔·哈撒韦股东所撰写的《致股东信》，都是非常宝贵的学习材料。

查理·芒格说，“我的剑传给能挥舞它的人”，他的投资理念、简洁、耐人寻味。芒格的《穷查理宝典》图文版非常精彩，是投资者入门的必读书目之一。

除了大师的书籍，还可以看看投资专家的书，比如喜马拉雅资本创始人李录的《文明、现代化、价值投资与中国》、高瓴集团创始人张磊的《价值》、高毅资产董事长邱国鹭的《投资中最简单的事》等。

读大师的书，主要目的是自己修正理念。做对的事，要比把事情做对更重要。读投资专家的书，能了解他们如何从大师处汲取营养，并融会贯通。掌握“学习方法”，比学习本身更重要。

另一种是“身边的”专业投资人。

要向“身边的”专业投资人学习，他们通常拥有三个主要特点：

一是经历过一轮以上的牛熊市场，拥有不低于 5 年，甚至 10 年的投资经验。

二是用自己的投资在市场上获利，而且还在持续获利。

三是他们选择的产品是普通人也买得起的产品，比如基金、债券等。

“身边的”专业投资人的分享更贴近普通人。他们思考总结的财报分析、市场分析和持仓分析，都会对我们有所启发。学习他们的经验，再用自己的实操去验证，可以少走一些弯路。

我常常泛读一些专业投资人的微信公众号文章，再精读几遍他们的专栏文章和出版的图书。每次推敲他们的实盘时，不是简单地看他们买了什么，还要问自己以下三个问题：

第一个问题：他买入一个投资品的逻辑和方法是什么？我怎样才能学会。

第二个问题：从过去到现在，他买入的方法发生了哪些变化？为什么？他如何看待未来。

第三个问题：他的买入方法局限性是什么？我如何结合自己的实际情况进行规避。

很多人以为向民间专业投资人学习就是去挨个抄作业，但越是习惯简单复制他人的经验，想得越少，就越容易在投资市场亏损。

三、财务独立指南之三：投资就像游泳，多练才会

学习知识仅仅是理财的一部分。在学习的基础上，还要增加足够的练习，获得实操经验。就像学习游泳，先在浅水区识水性，

学漂浮。熟练后，才能慢慢游到深水区。

这里给女人的第三条财务独立建议是：

女人要尽快行动。有时间积累，才可能让投资带来的改变显现。

时间用在哪里，是看得见的。你可以直接打开一本投资理财书，先看几页，把想法或不懂的地方，写在本子上。

也可以尝试先从熟悉的领域开始投资。如果买股票和基金，可以先尽量找熟悉的行业和企业，而不是追逐热门的投资。

投资大师彼得·林奇曾说过，“每次去购物的时候，不管是吃饭，还是买其他东西，你都能学到有用的知识。看看什么好卖，什么不好卖。观察你的朋友，他们买了什么电脑，喝什么牌子的饮料，平时上哪些网站看视频，用哪家的快递，这些都是重要的线索，可以引导你正确投资股票。”

先从小笔资金开始，减少最开始时犯错的成本。就像游戏有输有赢一样，99.99% 的人投资都会犯错。不断尝试，梳理投资逻辑，分散投资，能帮助你在跌倒后爬起来，累积更多成功经验。

你也许会担心，会不会坚持不下来？万一没用怎么办？

有这些疑虑很正常，你可以把它们当作等待行动检验的假设，而不是让它们变成阻碍行动的借口。就像减肥一样，谁还没有懈怠和反复过，心态放松一些，更容易坚持。

你要相信，只要持续做出行为上的改变，就一定能从中获得回报。总有一天，你的点滴投入会在某一个时刻汇聚成令人惊讶的力量。这股力量将推动你走向你想要的生活。

▼ 第三节　女人理财，从写下“幸福理财九宫格”开始

在开始理财行动之前，我想邀请你先写下自己的“幸福理财目标”。

一、人生不应该只有金钱目标

这个目标怎么写呢？是写一句话或是一个数字？还是填表？

我参加过一个女性私人董事会。当时正逢年初，会议的地点定在一个清雅的茶舍。伴随着阵阵茶香，主持人邀请在场的女性用九宫格的方式写下自己新一年的目标。

在纸上划分好九个格子之后，我有点不知所措。在场的人纷纷要求主持人先读一读她写下的新年计划。

当主持人读完她的目标后，我在心中忍不住感叹“原来还可以这样”！我多次听过“人生不应该只有金钱目标”这个道理，但仍然不知不觉习惯用金钱收入来评判自我的价值和意义。

创业后，经历了一段时间的收入下滑，让我陷入自我怀疑中。因为如果只从金钱这个单一的维度来评价，我好像是做出了一个糟糕的选择。而“九宫格目标法”帮我拓展了人生目标的宽度。

我在中间的格子填上自己的名字和填写时间，在周边的八个格子依次填下自己最想探索、实现的八个目标方向。当然，这八个方向可以因人而异。

我依次在八个格子里填写的内容是：理财、家人、健康、事业、写作、心理、学习、未知，并对每一个目标方向简单阐述。

理财：更新家庭财富管理三张表（资产负债表、年度收支表、理财配置表），搭建一个适用于自己、有弹性的理财体系。将收入合理分配，分别满足日常开支、急用、安全回报、中高风险回报四种情况。

家人：每年全家做一次体检，徒步一至两次。每周末一起散步、聊天。

健康：每天运动，如跑步、做瑜伽、进行力量训练。

事业：为女性提供理财成长咨询和培训，以及为学校、金融机构提供少儿财商线上线下课程。

写作：每周写作 5 000 字以上，包括公开写作和私密写作。

心理：觉察和管理自己的情绪，尝试每周反思 2~3 次。

学习：重点学习投资、写作以及商业运营，同时坚持绘画。

未知：尝试一两件以前从来没做过的事，比如参加合唱团。

“九宫格目标法”让我通过具象化的方式意识到生命的丰富性。此后，我每年都会用九宫格的方式写下自己一年的目标，提醒自己不要陷入对金钱的过度追求中。

二、写下自己的“理财九宫格”

九宫格的方法源自“曼陀罗图思考法”。“曼陀罗图思考法”是一种从中心向四周发散的思维方式。以中间为中心，向四周延伸出八个“母格子”。这八个“母格子”又可以各自延伸出八个“子格子”和一个中心格子。

尝到新年目标九宫格带来的认知拓展甜头后，我又写下了属于自己的“幸福理财九宫格”。中心格子是理财，八个子格子分别是：存钱、生钱、花钱、护钱、金钱认知、金钱关系、财商教育和理财界限。

在“理财九宫格”里，我制定了更具体，更具执行性的金钱目标。

存钱目标	生钱目标	花钱目标
护钱目标	念念有财的“理财”目标 × 年 × 月 × 日	金钱认知目标
金钱关系目标	财商教育目标	理财界限目标

1. 存钱目标

将家庭总收入的 50% 用来储蓄，目标是安全，可以随时取用，收益率在 4% 左右。

存钱指存入银行，获取利息的资金。这部分资金通常是存款，比较安全，可以用来应对失业、急病等不时之需。

2. 生钱目标

将家庭总收入的 50% 用来投资，目标是至少分散到三个品种中，年化收益率在 10% 左右。

生钱指家庭购买投资品产生的收入。投资品主要有两类：一类是金融资产，包括股票、基金、债券、黄金等；另一类是非金融资产，包括商铺、艺术品等。投资收入包括商铺租金、购买分红股或分红基金的股息收入，以及出售股票、债券、不动产等获取的收益。

3. 花钱目标

第一，根据前一年的收入，事先确定好每月的生活支出和理财支出的总预算，不得超支。教育金等大项支出不超过家庭开支的 50%。

第二，平时买东西，视需要购买，尽量不浪费。

花钱包含由出生至终老的所有生活支出，以及投资和贷款产生的理财支出。生活支出包括衣、食、住、行、教育、娱乐、医疗等方面的支出。理财支出包括贷款利息支出、保费支出以及投资手续费支出等。

4. 护钱目标

学习新的保险知识，按时交纳保费，进行必要的家庭保险配置，如意外险、重疾险、寿险、财产险、车险等。

护钱是指人身和财产风险管理。如预先购买保险，保护好家庭成员和已有财产，遭遇意外和损失时可以获得理赔金，抵抗风险。人身保险产品包括寿险、医疗险、重疾险、意外险等。财产保险产品包括火险、自然灾害险等。

5. 金钱认知目标

独立思考，建立合适自己和家庭的投资体系。经济、投资、认知类等经典书籍应该反复阅读，理财领域的新书需要经常了解和翻阅。

金钱认知指对金钱底层逻辑和投资策略、品种、方法的了解和认识。

6. 金钱关系目标

从自我层面，在金钱方面做一个自在的人，积极争取，但不执迷。

对于家人和朋友，有选择性地将看过的好书，听过的经济、理财、商业等课程推荐给他们，与他们共同学习、沟通和进步。

金钱关系指自我、家人、金钱三者之间的流动与连结。

7. 财商教育目标

每年为孩子推荐约 5 本经济、商业等书籍。每月至少和孩子有一次关于金钱的深入交流。

财商教育指教育孩子如何看待和应用金钱，探究金钱与世界的关联。

8. 理财界限目标

坚持“三不”原则。不把自己的钱全部投入一个投资品种中。不投不清楚投资标的的产品。不投溢价率过高的产品。

理财界限指自己确定不做的事。它像一个“风险探测仪”，控制着你的行为和选择，为幸福生活保驾护航。

清晰的目标可以提升理财成功的可能性。这些目标写下来后，可以每年检视一遍，看看是否需要做一些微调。

当我们深思熟虑，写下切实可行的“理财九宫格”时，就不会被外界设立的高高在上、虚无缥缈的“财富自由”标杆所影响。

所以，我再次建议你一定要写一份理财九宫格。

__________的“理财九宫格”

三、通往幸福的桥梁

当我将“理财九宫格”的方法介绍给一些咨询者，一段时间后，惊喜地发现她们身上发生了极大的变化。

咨询者晓栗是一家500强公司的部门总监。从前的她就像一个“效率机器”和“赚钱工具”，只关注是否达成工作目标，将薪资和职位提升作为衡量人生成功的唯一标准。她几乎把所有的时间都用来精进工作和提升自我，理想地认为所有人都应该完美高效。人生的意义就是不断赚更多的钱。

直到有一天，她突然发现自己丧失了感知幸福的能力。一切快乐都转瞬即逝，在完成每一个目标之前，心里充满了攀比、愤怒、厌倦、不服气的情绪。

当她开始使用“理财九宫格”后，仿佛找到了一个通向幸福的大门。晓栗买了很多与幸福有关的书，从心理学到经济学，从社会学到金融学，一直在探索幸福的真谛。

她开始书写自己的目标。每当她陷入攀比中时，晓栗就读一读自己的目标。这使得她逐渐放下了对光鲜亮丽生活的执念，放下了他人对自己、自己对自己的评价，简单地做着喜欢的事情，幸福感也如期而至。

知名作家、心理学家毕淑敏曾说过：

“幸福，它如此温暖动人，和财富密切相关，却不止于此。

享受幸福是需要学习的，当幸福即将来临的时刻需要常常提醒自己注意幸福，就像在寒冷的日子里经常看看太阳，心就不知不觉暖洋洋亮光光。”

制定合理的“理财九宫格”目标，就像架起了一座通向财务独立和幸福的桥梁。

第二章

做会存钱的女人，让选择更有底气

就算我们不擅长投资，只要有目标、有规划、有耐性地存钱，避免大手大脚地花钱，也能成为“身边隐形的财富自由人”。

▼ 第一节　找到“热爱锚点”，你也能存钱

巴菲特说，“开始存钱并及早投资，是最值得养成的好习惯”。

关于存钱，我有一个特别强烈的感受：一个人特别愿意存钱，是因为早早地找到了一个“热爱锚点”。

为什么？

你可能听过“日本最省女孩”，33 岁的工薪族咲小姐的故事。

她依靠省吃俭用，27 岁买下第一套房屋，价格为 1 000 万日元（按照 1 日元 =0.051 9 元人民币折算，约合人民币 51.9 万元）。之后的 6 年，她又在日本东京都小平市先后买下了 2 套房屋，价格分别为约 1 800 万日元、2 700 万日元（总计约合人民币 181.65 万元）。

最开始，人们以为她的“热爱锚点”是买房，是财务自由。后来才发现，真相并不是这样。

咲小姐的“热爱锚点”是一个真正对自己有内在激励作用的目标：35 岁开间猫主题咖啡厅。她童年时和家里的猫咪结下了深厚的友谊，猫咪死后，她伤心不已。爱屋及乌的她见不得流浪猫

受苦，于是决心开个猫咪咖啡厅，收养流浪猫。

“把金钱和精力攒起来，用在自己爱的事物上，我觉得这才是对自己负责。”咲小姐说。

当媒体问她：“你都有三套房了，可以不用那么节省了吧。”她说：“我还要给猫买猫粮、猫砂、猫玩具、猫爬架啊。”

每个人的“热爱锚点”都不同。要想提升存钱在脑海中的重要序列，我们可以找一段安静的时间，和自己独处，自问自答，“为什么我要存钱？什么能够真正驱使我花时间和精力存钱？”

因为有存钱目标，我们能在一段时间存下钱。因为有“热爱锚点”，我们才能一直坚持下去。

有人说，我找到了“热爱锚点”，可还是存不下钱啊。那可能是因为你还缺少存下钱的“心法”。

一、存钱的第一个心法：先存钱，再花钱

有人说，我每个月“先花钱，再存钱”，也不错。但是“先存钱，再花钱”，存下来的钱会更多一些。

假如你一个月的工资是 1 万元。先花钱，再存钱的做法是，花掉房租、日常开支、人情往来后，可能也就剩下不到 1 000 元，然后你会把 1 000 元存起来。这种做法没什么错，但是没有激发自我的存钱潜能，存钱效率比较低。

我们再来看看“先存钱，再花钱”的逻辑。到手工资 1 万元，

先存下 3 000 元，对自己要求更严一点的存下 5 000 元。剩余的钱再考虑怎么花。这样做真能够多存下钱吗？

你要相信，人的潜能是可以极大被激发的，存钱可以更高效。

“日本最省钱女孩”咲小姐月收入大约 1.6 万元，她每个月可以存下收入的大部分。

我并不推荐极致省钱，但是普通人通过提高存钱效率，将每月的存钱比例再提升 10%~20%，将存钱的预想年限缩短几年，还是有可能的。

如果你做不到现在就开始每月“先存后花”，也可以选择在一年中“特别时刻”存钱。这种做法会对于怎么都存不下钱的人很有用。

美国中西部中型公司的蓝领工人，多年来挣扎在支付各种账单的困境中。他们觉得自己根本不能马上存下来钱，更不用说存更多的钱了。

后来，行为经济学家施洛莫·贝纳兹和芝加哥大学教授理查德·泰勒为蓝领工人设计了一个“存更多钱”的解决方案。这个方法很简单，就是在工人们每次涨工资这样的“特别时刻”，尝试存下 3% 的钱。

在三年半的时间内，参与试验的蓝领工人工资涨了 4 次。结果，平时很难存下钱的人都存下了自己工资的 3%。因为一年只存一次，要比每个月都存钱的“痛苦”小很多，更容易做到。三年半之后，蓝领工人的存款相比之前大部分都增加了。

你也可以选择在拿到年终奖时、过生日时、获得额外奖励时，为自己存下一份钱。日积月累，也会是一笔不小的数目。而且，每存下一笔钱，又离自己的“热爱锚点”近了一步，会有一种满满的成就感。

二、存钱的第二个心法：计算当下和“热爱锚点”的差距

你还可以计算当下和“热爱锚点”差距，拆解存钱数额和时长，提高存钱的可能性。

假如你现在30岁，每个月存钱7 000元，一年能存下8.4万元。你的热爱锚点是“40岁时开家花店”，需要100万元。

计算当下和“热爱锚点”的差距为：100万元 ÷8.4万元/年 = 11.9年，大约你在42岁时可以实现梦想。

如果你因为加薪，一年能多存下一些钱。或者你的理财能力不错，存下的本金可以卖力地为你“工作”。也许不到40岁你就能实现梦想。

请你写下来：

我的热爱锚点是：________岁实现________的愿望，预计花费________元。

我打算每月存________元，________元除以______元，约等于______月，约等于______年。

示例：

咲小姐的热爱锚点是：35 岁实现 开间猫主题咖啡厅 的愿望，预计花费 310 万 元。

咲小姐每月攒 1.5 万 元，310 万 元除以 1.5 万元，约等于 206 个 月，约等于 17 年。

三、存钱的第三个心法：坚持存钱

《邻家的百万富翁》（原版 1996 年出版）的作者托马斯·斯坦利和威廉·丹科访谈、调研了美国 500 多个百万富翁和 11 000 多个高收入者后发现：

富一代并非想象中开豪车、住富人区、消费奢侈品的那一类人，大多数人开普通车甚至是二手车、住在普通社区、从不买很贵的商品来显示自己富裕。

不信请看其中一个百万富翁的案例：

"我选对了伴侣，过着简单的生活。我们在一起 22 年了，抚育了三个孩子，养了三只狗和两匹马。我们居住在现在的房子里已经超过 20 年了。我是化学工程硕士，我丈夫是化学工程博士，如今他是一家化工公司的副总裁。"

我在高中是全优生，是我们家族里的首个大学生。我出生在偏远地区。大学毕业后，我和丈夫都找到了不错的工作。我们把一个人的收入作为开支，将另一个人的收入存起来。工资提升意味着我们可以存得更多。现在我成了一个全职妈妈。

我们早就是百万富翁了。但鉴于我们三个孩子都要读大学，我们仍不是很富有。有时候孩子们会觉得家里很穷，因为我们经常吃超值菜单上的菜品。

这对夫妻依靠辛勤工作、善于存钱、勤俭持家成为百万富翁，过着细水长流的日子。

对于普通人来说，看完这些案例后，会得到一个特别鼓舞人心的启示：就算我们不擅长投资，只要有目标、有规划、有耐性地存钱，避免大手大脚地花钱，也能成为“身边隐形的百万富翁”。

可能有人会对这样的存钱方式不屑一顾，“太慢了，我可等不了那么久，最好现在就财富自由。”可是这样的方式风险小，也适合大多数人。在学习投资之前，我和身边的朋友就是用这样的“笨”办法，一点点地把钱存进银行，买下了属于自己的房子。

存钱这件事虽然看起来老生常谈，但反而比提升收入、赚取收益更加可靠。因为这是所有和钱相关的事情中，唯一能完全由自己控制的。

第二节　聪明花钱，存得更多

花钱和存钱，像掷硬币时计算正反面。花钱少了，存下的钱就多了。

可是，无处不在的推荐算法和精准广告，就如魔法一般，能够随时掌握我们的快乐、渴望、恐惧、焦虑，常常让人不知不觉花得太多。

不知道你是否有类似的体会：

虽然没有买东西的打算，但直播间的氛围让你感觉“不买就亏了”，一不小心买了一堆东西；

看到库存紧张、秒杀、限量就会忍不住“剁手”，错过就像损失了一笔钱；

网上下单实在太方便了，一年到头，有 200 天吃饭都是靠外卖解决，出门主要靠打车；

买课程，买潮牌，买虚拟物品……为自己的喜欢花钱时，所有赚钱的辛苦仿佛都值得了。

现在，可以购买的东西如此丰富。在“物品、时间、心理、观念”等一切皆为消费品的社会里，如何理智消费实在是一件极具挑战的事情。

一、“快思考”是冲动花钱的根源

为什么花钱时会冲动？为什么会花钱购买非必要的物品？实际上是大脑的决策机制在产生作用。

诺贝尔经济学奖得主、美国普林斯顿大学心理学和公共关系学教授丹尼尔·卡内曼，创造性地将心理研究领域的综合洞察力应用在了经济学当中，用大量研究论证了人类到底如何做出各种非理性决策。

丹尼尔认为，人类的思考模式可以拆分成两个系统：快思考和慢思考。快思考是依赖直觉、无意识的思考，这个直觉多半是与生俱来的判断和反应。

慢思考是需要主动控制、有意识进行的思考。由于思考过程中需要不断调用积累过的知识和审视已知条件，花费时间比较多，所以叫做慢思考。

我们花钱时常常依赖“快思考”，尽管它做出的决定常常不合理。因为大脑常常“偷懒”，不喜欢努力思考。

以快思考的“锚定效应”为例。锚定效应指买东西时，会有先入为主的印象。假如一件商品在一段时间标明“限购 10 件”，另一段时间什么也不标。不限购时，以 0 件为锚，我们可能只买一件。限购时，大脑不知不觉以 10 件为“锚”，让人忍不住多拿几件。

再以“禀赋效应”为例。禀赋效应指拥有一件物品后，对物品价值的评价会更高。有时候，商家会给我们寄送商品，并申明如果不满意可以退还。但是在禀赋效应的作用下，人们对商品的评价高于没有拥有这件商品的时候。所以，大多数情况下，就算我们不一定特别需要这件商品，也会选择付款收下。

花钱投资时也会出现类似的情况。有时候，当我们买了一只股票之后，就格外看好这家公司，不论涨跌都舍不得将其卖出。

生活中的很多时候，大脑并不能时刻保持理智，还容易受到各种因素的影响，做出不理智的决定。

二、“慢思考”花钱的五种方法

如何才能多做出理性的决定呢？我们可以尝试着在花钱时“看见”大脑非理性的一面，有意识地放慢思考，多对快思考的结果进行理性检验。

下面分享我自己经常使用的一些方法：

1.“平衡预算”检视法

如果有特别想买的非必要物品，统统放到购物车里，或是写在购物清单表格中。等到月底时，看看自己当月的预算额度还剩多少。比如预算额度 3 000 元，花了 2 500 元，就从购物车里挑出最想买的，不超过 500 元的东西下单购买。

将原本几小时的购物决策时间拉长到一个月，有更充裕的时间理性思考。

2.“长期投资”花钱法

日用消耗品可以买打折款。使用频率高的耐用品，在合理的范围内，贵一些也可以接受，因为折算下来单次使用成本很低，还能带来无尽的好心情。如果买不到自己喜欢的耐用品，宁肯多等一等。

我曾经想买一个玻璃水杯，一直没有找到喜欢的。有一次，在一家手工店看到了一个颜色就像日落晚霞的水杯。虽然价格比普通水杯贵几倍，但毫不犹豫地买下。每天用这个水杯喝水，平淡的白水也仿佛有了特别的味道。

3.“延迟满足”花钱法

延迟满足可以让自己在等待期间获得快乐，拉长幸福感。和家人一起自驾旅行一直是我的梦想，为此提前一年开始存钱。每个月存钱时，一边去计算自己距离梦想实现还有多长时间，一边做路线策划。这个期待的过程，就如同小时候攒了一罐巧克力慢慢吃掉那样的幸福。

英国哲学家 C · S · 刘易斯曾说过：“快乐不是对渴望的满足，而是渴望本身。”

4.“重点开支优化”法

一年中抽出几个月，尤其是新年和孩子寒暑假等开支较大月份，用电子表格或记账软件详细地记下每一笔支出，之后进行分析和优化。或者，过年放假时选一天打开信用卡电子账单，找出排名前十位的支出，看看全年下来，钱都花在哪儿了。

找到大笔支出项后，根据“二八原则”进行重点优化。比如发现家电大类支出最多，可以定出来年家电预算额度，超出额度后就推迟购买。如果需求迫切，可以削减其他不太紧急的开支，腾出一些额度。总之，就是不要超总预算。

每个人避免非理性消费的方法都不尽相同。关键是在这个信息化的世界里，让思考慢一点，花钱慢一点，心情也会好一点。

▼ 第三节　30万元怎么存收益高

对于偏好低风险的女人来说，把钱存进银行是一种安心的选择。在点点滴滴的日子里，存款始终带给你安全感，还能在紧急的时候救急。

如果手上有一笔现金，怎么选择银行的存款产品，使收益最高呢？

一、第一招：大额存单

手上有几十万元，购买大额存单比较合算。2022 年，国有银行大额存单的利率一般能够达到 3.5%，地方性商业银行大额存单的利率能够达到 3.9%。由于每个银行执行的利率不一样，可以多去几家银行进行比对。

大额存单是目前存款产品中收益较高的。但是从历年趋势来看，近几年大额存单的利率在下降。不妨购买 3 年期以上的大额存单，这样能提前锁定未来几年的收益。

1. 存大额存单收益多少

大额存单的“起存门槛”一般是 20 万元。在此基础上以 10 万元为阶梯进行叠加。如果按年付息，以 30 万元为例，年利率 3.9%，每年的收益是 11 700 元，三年的总利息是 35 100 元，加上本金，3 年后总计到手 335 100 元。

不过，大额存单有一个缺点，就是单利。单利只有本金产生利息。这时候，如果我们能找到按月付息的大额存单，相当于每个月都能收到一笔“固定收入”975 元。之后，再用这笔“固定收入”去定投指数基金，假设年化收益是 8%，就能得到一笔不错的复利收益，三年的总利息可以达到约 39 785 元，要比按年付息多了 4 685 元。

相比按年付息，按月付息可以使利息和本金一起滚动产生收益。不过，投资指数基金需要能承受一定的风险，最好量力而行。

2. 大额存单安全吗

大额存单是存款类产品，安全性很高。自 2015 年 5 月 1 日起开始施行的《存款保险条例》规定，若是银行破产，50 万元以下的大额存单都可以获得全额赔偿。假如你有 100 万元，又非常在意风险，可以考虑将资金存入两个不同的银行。

要特别注意的是，存款保险只针对银行存款，其他金融产品是不在保障范围内的。如果银行破产倒闭了，我们在这家银行购买的各种理财产品，是不会有赔付的。

3. 急用钱，大额存单能怎么用

大额存单可以转让、质押、提前支取。所谓转让，就是你可以把未到期的大额存单转给其他人。

举个例子，你存了 200 万元，三年期大额存单，存款利率 3.3%。还剩余 963 天，这时你急需要用钱，可以通过手机银行发布转让大额存单需求，并自主定价，比如确定年转让价格 204 070 元，到期预测年化利率为 2.94%。

虽然大额存单有转让功能，但并不能保证一定能转让成功。对于转让不成功又需用钱的，可以根据实际情况，办理存单质押贷款。即借款人拿大额存单做质押，向银行或者其他可以发放贷款的贷款机构申请贷款。目前，大额存单质押贷款的起贷金额一般为 1 万元，贷款期限最长为 5 年。

除了质押，也可以选择提前支取。如果提前支取，大额存单只能按活期计息，不太合算。

二、第二招：国债

如果手上有不到 10 万元打算存入银行，国债是比较合适的选择。

国债，简单来说，就是国家找我们借钱后开的“借据”。因为有国家信用做背书，所以它的安全级别很高。国债一般用来打理 3 年或 5 年不用的钱。

去银行购买的国债，通常叫作储蓄式国债。购买之后不能随便交易或转让，但是在需要的时候可以拿去银行抵押贷款。

储蓄式国债只有在发售期间，也就是每年的 3 月到 11 月可以购买，售罄则无法购买。如果打算购买国债，要提前做好准备工作。

储蓄式国债一般分为两种：一种是凭证式国债，另一种是电子式国债。这两种国债的购买方式完全不同。购买之前，你一定要先了解当期发行的国债是哪一种。

1. 凭证式国债

购买方式：一定要去银行的国债售卖柜台才可以购买。有时候线下购买会出现排队情况，建议早去。

兑付：凭证式国债兑付时，需要自行到银行网点兑付。如果超过兑付时间，不加计利息。

计算利息：从购买之日开始计息。除非提前支取，否则所有的利息只能在国债到期时才能收到。

2. 电子式国债

购买方式：可以直接在网上购买，更适合普通投资者。以招商银行为例，登录手机银行，选择“首页—全部—债券”，再找到“电子式国债”进行购买。不过，购买电子式国债之前需要先开通国债账户，并在国债交易日时间（8:30~16:30）完成。

兑付：银行自动将本息转入投资者的活期账户。

计息：利息每年返一次，本金在最后一年返还利息时一起还清。相当于你每年都能得到一笔现金流，用来复利投资。

我们为什么要投资国债？和大额存单又有什么不同呢？

原因之一：利率较高，购买门槛低。

2022 年，国债的 3 年期利率约为 3.37%，5 年期利率大约为 3.52%。要高于同样 3 年或 5 年的定期存款利率。

国债的收益和大额存单很接近，但是购买的门槛也比较低，100 元起售，十分适合保守型的投资者。

原因之二：赎回成本较低。如提前支取，收益比大额存单高。

如果有急用，提前支取大额存单，收益是按照活期利息计算。而国债在这一点上就比较合适，提前支取可以按持有时间长短“靠档计息”。

以某商业银行 2022 年发行的产品为例，如果**提前支取 5 年期电子式国债**，预期年利率和每百元国债扣息如下：

<table>
<tr><th>持有电子式国债</th><th>未扣息前的预期年利率</th><th>每百元国债扣息</th></tr>
<tr><td><6 个月</td><td>/（仅返还本金）</td><td>/</td></tr>
<tr><td>6~24 个月</td><td rowspan="3">3.37%</td><td>1.66 元</td></tr>
<tr><td>24~36 个月</td><td>0.83 元</td></tr>
<tr><td>36~60 个月</td><td>0.55 元</td></tr>
</table>

如果提前支取 5 年期**凭证式国债**，预期年利率如下：

持有凭证式国债	预期年利率
<6 个月	/（仅返还本金）
6 个月 ~1 年	0.35%
1~2 年	1.82%
2~3 年	2.84%
3~4 年	3.26%
4~5 年	3.4%
>5 年	3.52%

提醒一点，无论持有期限为多长，凭证式国债提前支取都需收取本金 1‰ 的手续费。另外，凭证式国债只能办理全额支取，不能办理部分支取。

三、第三招：通知存款

如果手头的现金随时会用，不适合存大额存单和国债这样锁定期较长的产品，可以存个人通知存款。

通知存款是一种不约定存期的存款，最低起存金额为 5 万元。取钱时需要提前通知银行，约好取钱的具体日期、金额，才能够支取。通知存款兼有活期存款与定期存款的性质，一般分为两种期限：1 日和 7 日，存款人可以自由选择。

通知存款利息怎么算呢？根据银行的规定，通知存款的利息从存款的当天起算，按存款的实际天数计算。

通知存款的利率高于活期存款。以某商业银行为例，2022 年，存 1 天的利率为 0.25%，存 7 天的利率为 0.45%，高于同期活期存款利率 0.25%。

个人通知存款适合拥有大笔款项且需在短期内支取，或分期多次支取，以及短期内不确定取款日期的投资者。

四、第四招：结构性存款

结构性存款是银行一种特殊的存款方式，既不是普通存款，也不同于银行理财。它由两部分组成，普通存款和衍生品的期权。

衍生品的期权是指银行从存款人的存款中提取部分资金，投资于股票、黄金、外汇等市场，以获得较高的收益率。

一般来说，结构性存款中衍生品的期权与股票指数相关联，收益率的预期较高，真正实现的概率偏低；与利率、汇率相关联时，收益率的预期偏低，真正实现的概率偏高。

以某家股份银行为例，有一款售卖的与中证 500 指数相关联的结构性存款产品，预期最高年化收益率分别是 3.12%、3.69%、8.73%、11.73%，保底收益率在 1%~1.45% 之间。

对这款结构性存款产品进行分析，可以了解到，只有当银行通过金融衍生品得到了超额收益后，才有可能实现预期最高年化收益率 11.73%。否则，投资者只能拿到 1%~1.45% 之间的保底年利率，跟一年期存款收益差不多。

考虑是否购买银行结构存款时，最好采用中间收益率作为参考依据。因为获得中间收益的概率最大。

以某款和黄金走势相关联的结构性存款为例。如果该存款承诺，黄金在 8 月底的价格比 5 月的价格跌 156 美元 / 盎司，投资获得最低收益率 1.48%；如果黄金的期末价格比期初价格涨 195 美元 / 盎司，投资人获得最高收益率 3.62%；如果黄金的期末价格下跌不超过 156 美元 / 盎司且上涨不超过 195 美元 / 盎司，则获得中间收益率 3.14%。

从当年金价的实际走势来看，在不到三个月的观察期内，金价上涨超过 195 美元 / 盎司、下跌超过 156 美元 / 盎司的可能性均存在，但概率都不高，所以该款结构性存款大概率能拿到中间收益率 3.14%。只有在金价大跌或者大涨情况下，产品拿到的才是最低收益率或最高收益率。

和存款类产品相比，购买结构性存款的风险更高。其主要风险有：

第一，非保本属性的结构性存款不保护本金和利息；

第二，收益率存在着较大不确定性，不一定能拿到最高或次高的收益率；

第三，存在“假”的结构性存款，承诺 100% 可以给到产品介绍的预期最高收益率。

最后提醒一下，除了大额存单、国债、通知存款、结构性存款外，银行还有大量理财类产品。

银行理财产品大部分并不保证本金的安全。银行会根据不同风险等级给理财产品进行划分，从 R1~R5 不等。R1 收益最低，R5 最高。收益越高，风险越高。对于注重安全的投资者来说，如果手边有一些随时要用的资金，最好购买银行 R1~R2 低风险等级的活期理财产品，收益在 2%~3% 之间。

第三章

女人理财，“合适”比“赚钱”重要

投资是一个不断学习，磨炼心性的过程。能力提高了，才能更好地应对风险，长期稳定地盈利。成功的女性投资者，从来不是冒险的人，而是更善于控制风险的人。

▼ 第一节　实用理财方式：低风险投资

一家基金公司曾调研了 374 个基金经理，发现女性基金经理和男性基金经理相比，长期投资回报差别不大，风格却完全不同。女性基金经理更注重风险管理，业绩波动小，熊市时更抗跌。男性基金经理更喜欢冒险，业绩波动大，在牛市中上涨空间较大。

普通的女性投资者和女性基金经理的特点很相似，不愿意冒很大的风险，偏爱稳健的投资策略，交易频率普遍比男性低。

一般来说，越是掌握家庭“财政大权”的已婚女性，越偏爱低风险投资。因为已婚女性不仅要考虑打理日常收入，平衡家庭生活开支，还要综合考虑孩子的教育规划、全家的养老筹划等各方面的情况。

一、投资如何稳步增长

低风险投资，是指在安全可控的情况下保持稳定的正收益，实现家庭财富的稳增长。

与追求“短平快”的高风险投资相比，这种稳步增长的方式，反倒能带来更高回报。不信的话，请看一组数据对比。

Q：假设同样的本金投资 20 年，以下三种情况，哪种方式盈利最多?

第一种方式：每年盈利 15%。

第二种方式：前 19 年每年盈利 15%，最后一年亏损 50%。

第三种方式：盈利 50% 和亏损 20% 交替。

三种不同的投资风格，20 年后的收益也截然不同。建议先想一想，再看后面的答案。

你的答案是 ________________。

现在来揭晓答案：

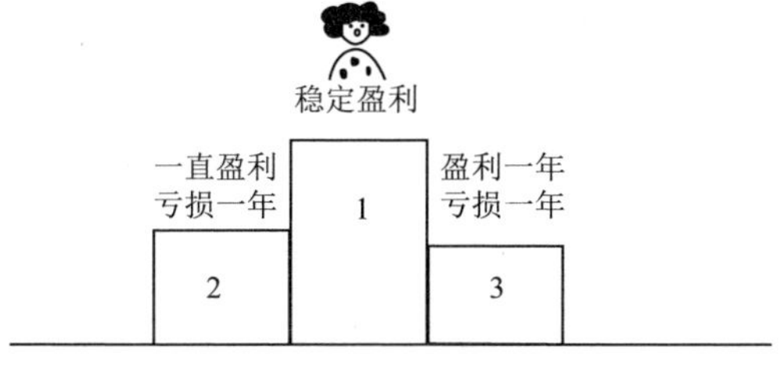

第一种方式盈利最多：由于追求平稳的收益，20 年后总收入约为最初的 15 倍多。

第二种方式盈利居中：前 19 年都很稳定，最后一年因为激进或其他原因，亏损较大，20 年后总收入约为最初的 6 倍多。

第三种方式盈利最少：大起大落的投资风格，20 年后约为起始金额的 5 倍多。盈利多的时候收益很可观，但是最终收益率还不如每年盈利 15%。因此排名最后。

你答对了吗？

巴菲特有一句名言，“只有等到潮水退去的时候，才知道谁在裸泳”。为了追求高收益而承受过高的风险不利于长期投资，如果出现极端情况，很容易永久失去本金。而长期稳定的投资，通过复利的威力，可以获得非常可观的回报。

以巴菲特为例，在他长达 53 年的投资经历中，仅有 2001 年和 2008 年收益率为负，并且仅有 1 年收益率超过 50%，堪称“低风险策略下的常胜将军”。

为什么巴菲特能数十年如一日持续稳定地获得收益？这里有个关键因素，那就是投资能力。巴菲特很清楚自己投资的每一家公司的增长逻辑，无论是可口可乐，还是苹果、亚马逊等公司，他都有足够的经验和判断能力。

对普通人来说，坚守也是一种投资能力。曾经有三家基金管理公司，联合中国证券报开展过一次投资者真实盈利数据的调查，发现只有不到 2% 的人持仓超过 10 年，持仓 5 到 10 年的人只有 8%，持仓半年以内的人高达 61.6%。

其中持有基金不到 3 个月的人，大概率是亏钱的。持仓 10 年，几乎肯定是赚钱的。其实，无论在哪个领域，能够坚持做一件事长达 10 年，都很难得。

投资是一个不断学习、磨炼心性的过程。能力提高了，才能更好地应对风险，长期稳定地盈利。成功的女性投资者，从来都不是冒险的人，而是更善于控制风险的人。

二、借鉴“淘打折货”的经验

执行低风险投资策略时，最重要的一点就是买得便宜。你想想，一件好东西，100 元的时候争着要买。当它跌到 10 元的时候，还是那件东西。这个时候买入是不是更合算？

一旦 10 元的东西重新回到 100 元的价格，就能够获利。就算跌了，它的下跌空间也很有限。买便宜货不一定确保获利，但是获利的概率比较大。当然，前提在于买的是好东西。

“华尔街女巫”赫蒂·格林堪称投资界“淘打折货”的鼻祖。她在 20 多岁时就说过：“致富没有秘诀，你所需做的只是低买高卖、节俭、精明，并且坚持不懈”。

美国南北战争时期，她在面值 1 美元的美国债券跌到 40 美分时，大量购入，一举获得了超过 125 万美元的利润。1890 年，金融危机爆发引发恐慌情绪，她等待股市到达最低点后，开始大笔投资铁路股票，又大赚了一笔。

对于女人来说，发挥好善于精打细算的特长，在市场低迷的时候，像“淘打折货”一样，挑选价格趋于合理，甚至是很便宜的优质股票、基金、可转债，纳入自己低风险投资组合中，拉长时间，将获得不错的回报。

如果你相信某家公司的长期盈利能力，现在只是暂时困难，股票价格下跌不少，下跌以后的股票价格也让优质公司的股票显示出吸引力。这个时候，就可以趁便宜买入心仪公司的股票，为今后的长期增长打好基础。

当然，“淘打折货”的时候，也要做好自我保护。就像最厉害的登山高手，从来不会因为技术高超而不做防护措施。

这类投资最好用手中的一部分资金，而不是所有的资金。因为将资金全部押在一只或一类股票上，其风险可能是毁灭性的。比如，2021 年将所有资金都投入教育类股票的人，当行业震动导致绝大多数教育类股票的股价跌去约 80% 时，辛辛苦苦积累的财富可能瞬间化为乌有。

就算你想用时间换空间，等待股票重新回升，但是市场持续低迷的时间往往比想象中更长。在行情大跌时，大量负面分析的传播可能会破坏人的正常思考能力，导致有的人拿不住手中的股票。

而执行“淘打折货”的低风险收益策略的人，面对下跌时，心态更轻松，也更容易坚持。

三、定投，要有耐心

常常有咨询者询问，执行低风险策略时，有没有适合平时特别忙碌的女性的方法呢？定投是一种不错的方式，可以帮助女性在工作和家务之余进行投资，轻松而不过分焦虑。

定投，一般是指在固定的时间，以固定的金额，买入某只基金产品。比如选择每月 8 日，将 10 000 元投资到指数基金或主动基金中。

定投的原理是用分散入场的方式来化解购买基金时机不当的风险。假如，每个月固定投资 10 000 元，当基金面值为 1.5 元时，获得份额约为 6 666.66 份。当基金面值回落到 1 元时，获得份额为 10 000 份，而当基金面值跌到 0.5 元时，获得份额为 20 000 份。

忽略手续费的情况下，定投摊薄了的平均每份的购买成本，仅约为 0.818 2 元。一旦基金上涨，就能实现可观的盈利。

如果不采用定投，而是在基金净值为 1（取中间值）时一次性买入，每一份的购买成本为 1 元，与之前每一份的购买成本 0.818 2 元相比，每 10 000 份的购买成本足足多出 1 818 元。如果购买 10 万份，就会多出 18 180 元。

定投是一个“微小的习惯”，但是坚持下来，回报巨大。习惯养成专家詹姆斯·克利尔说，“随着人将微小的变化层层叠加，人生的天平开始偏移。每次改进就像在有利于你的天平的一侧添加一粒沙，使它慢慢地偏向你。假如你能坚持下去，最终你会达到产生重大偏转的临界点。”

咨询者小莉，工作两年后，在 2014 年开始有了投资意识，每月定投 3 000 元。经过七年半的时间，这种日积月累的微小习惯，为她带来的收益如何呢?

第一，聚沙成塔，增厚本金。小莉每月坚持定投 3 000 元，定投七年半，仅本金就积累了 27 万元，而不是像身边的朋友一样不知不觉全花掉了。

第二，小莉定投基金的平均年化收益率为 8%，赚了约 10 万元。本金收益总和约为 37 万元。

第三，通过定投，克服追涨杀跌，反复进出的习惯，极大节省了手续费。以一只申购费率为 1.5%、赎回费率为 0.6% 的基金为例，假设每次交易 10 万元，一年内申赎 5 次，交易成本就高达 1.05 万元。同时当你赎回后，还需要再找机会进入，所涉及的时间成本更是无法计量。

第四，心态发生重大改变。小莉说，自从开始长线定投后，她的消费欲望变低了，也逐渐爱上了这种不焦虑、持续实现复利的过程。现在，她在日常的每一天都能获得满足感，而不必等到所谓“财富自由”阶段才能快乐。

定投最大的挑战，就是极其考验耐心和耐力，但这恰恰也是女性的优势。坚持定投，等待的过程虽然漫长，但是时间将馈赠给我们最美的玫瑰。

▼ 第二节　不上班也有收入：买指数基金掌握五条秘诀

如果说白衬衫、黑裤子的基本款是女性穿搭的灵魂，简洁、好看、不过时，那指数基金堪称女性低风险投资的基本款，省心、省力，收益比存款还高。

指数基金是指以某支特定指数为目标，通过购买该指数的全部或部分成分股构建投资组合，从而追踪标的指数长期表现的基金产品。

指数基金由指数加基金构成。基金是指一篮子股票集合。一只指数基金少则覆盖几十只，多则几百只股票。这种分散式买入的方式可以降低风险，也能保持较高的收益率。

“指数”可以简单理解为“平均值”。假设一个年级有 12 个班，每个班上有 45 名同学。若我们想比较不同班级间的学习成绩，只需要给每个班计算一个平均分，比较一下这个平均分的高低就行。

而基金的“指数”代表了我们购买的基金里面所有股票的平均价格走势。比如大名鼎鼎的沪深 300 指数，就代表了沪深两市 300 家龙头公司股票涨跌幅的平均值。

投资指数基金最大的好处是“长生不老”。单个公司有自己的生命周期，会生老病死，盈利并不一定一直上涨。对指数来说，可以通过定期调整的方式，吸收新的盈利的公司，替换亏损的公司。通过这种方式，指数基金可以实现长期上涨。

一、打底基金：宽基指数基金

指数基金中知名度最高的是宽基指数基金。宽基指数就是一个包含许多行业和广泛覆盖范围的指数。宽基指数基金包含的股票范围较广，各个行业都有。

比如你购买了沪深 300 指数基金，相当于打包购买了在上海和深圳证券交易所上市的 300 家核心公司的股票。原则上只要经济持续向好，这 300 家优质公司一般会持续增长，投资相应的指数基金就可以实现盈利。

很多人喜欢投资宽基指数基金，是因为盈利逻辑很容易理解。对女性来说，购买指数基金时，挑选几只宽基指数基金，往往不太容易出错。

通常，购买率比较高的宽基指数基金有以下几大类：

沪深 300 指数基金：就是把上海证券交易所和深圳证券交易所中规模大、流动性好的前 300 家公司的股票进行统计的股票平均值。这 300 家公司，好比 A 股市场里排名前 300 的尖子生，全是各行各业的龙头公司，包括贵州茅台、宁德时代、招商银行等。追踪沪深 300 指数的基金有近百只。

上证 50 指数基金：就是把上海证券交易所中规模大、流动性好的 50 家公司的股票进行统计的股票平均值。选取上交所流动性好、最具代表性的50只股票，包括贵州茅台、招商银行、中国平安等。

中证500指数基金：就是先把沪深300指数中的前300家公司排除，剩下的公司中按照规模大、流动性好的方式，选取500家中型代表公司股票进行统计的股票平均值。

创业板指数基金：选取创业板中战略新兴产业和创业创新企业100只股票。

上证科创板50指数基金：选取上交所科创板中市值大、流动性好的50只股票。

宽基指数基金又分为“纯粹版”指数基金和“增强版”指数基金。

1.“纯粹版”指数基金

“纯粹版”指数基金是指基金公司开发一只基金，完全按照某个基准指数的选股规则，买入完全一样的股票，最终达到与指数涨幅基本一致的收益水平。

不过，当我们打算买入“纯粹版”指数基金时，可能会碰到一个问题。以“沪深300指数”为例，目前，证券公司跟踪该指数的基金有近百只，看起来都差不多，都叫作“某某沪深300指数基金”。怎么选比较合适呢?

购买“纯粹版”指数基金，可以参考的选择依据有：

（1）**基金规模**：5亿元以上规模较佳，小于2亿元的基金有清盘的风险。

（2）**成立时间**：5 年以上，经历过至少一轮牛熊市，过往收益更有参考性。

（3）**跟踪误差**：越小越好。误差越小，说明指数基金和指数的走势越接近。

（4）**费率**：费率越低，长期来看实际到手的收益越高。一般来说，指数基金的管理费和托管费在 0.6% 左右，申购费用约为 0.1%。

（5）**长期收益率**：对比最近 5 年，甚至更长时间的收益率，选择回报较高的。

2.“增强版”指数基金

“增强版”指数基金相比“纯粹版”指数基金多了一份主动。比如“某某沪深 300 指数增强基金”，80% 左右的资产按照指数进行选股，其余 20% 的资金投资一些有升值潜力的个股或行业，希望获得超额回报。总之，“增强版”指数基金不完全遵从指数的选股规则和持仓配比。

如果指数增强型基金主动管理做得好，收益率一般高于“纯粹版”指数基金几个点。如果管理得不好，收益率可能还不如“纯粹版”指数基金。

如何挑选出表现优异的“增强版”指数基金呢？可以参考一个主要指标，即“信息比率”，也就是超额回报和跟踪误差的比值。

登录天天基金网可以查到这个指标。具体查询方式为，登录天天基金网首页，输入某只指数增强基金的名字后，在特色数据中查看这只增强基金的信息比率数值。与同类基金相比，信息比率越高，说明超额收益越高。

除此之外，选择成立时间 5 年以上的基金，费率低的指数增强基金，通常收益率更高。

二、进阶搭配：行业指数基金

熟悉宽基指数基金后，可以再搭配“进阶款”——行业指数基金。

比如，看好互联网行业的话，可以投资中概互联。中概互联指数基金重点反映了在境外上市的 50 家中国互联网企业的投资机会。这 50 家公司几乎都是耳熟能详的公司。例如，腾讯、阿里巴巴、美团、拼多多、京东、百度等。

看好消费行业，可以投资消费类指数基金。中证消费指数基金主要反映了沪深两市必选消费和可选消费的约 50 只龙头股，包括白酒龙头，如贵州茅台、五粮液；家电龙头如格力电器、美的；奶制品龙头，如伊利等。

选择行业指数基金的秘诀就是，指数中你认可的好公司权重越大越好。这个道理也适用于其他指数基金。

不过，行业指数所包含的股票基本都属于一个行业之中，所以行业指数的波动相较于宽基指数来说，会更加剧烈，需要一颗能承受跌幅的强大心脏。以中概互联指数基金为例，如果 2021 年初买入了，到 2022 年仍处于下跌状态，浮亏可能超过 40%。新手投资者容易因“恐惧”而斩仓，从浮亏变成实亏。

投资行业指数基金还要小心那些进入衰退行业的公司，尽管看起来估值很低，但投资的话，回报也并不好。

新手可以先定投宽基指数基金两三年，有心得体会之后再慢慢增持行业指数基金。

三、混搭组合：香港恒生指数基金

接下来，你还可以根据自己的需要，看看是不是要混搭几只港股指数基金。

港股指数基金处于低估值状态，且相对 A 股比较便宜时，可以考虑买入恒生指数基金。

恒生指数基金追踪的是恒生指数，主要投资港股中规模最大的 50 家企业，包括腾讯、汇丰、美团等。单只股票权重上限为 10%。

如何判断恒生指数基金是否被低估呢？有一个指数，叫作 AH 股溢价指数，是指同一家企业在 A 股和港股同时上市但存在的股价差异。如中国平安同时在 A 股和港股上市，但股价却不同。

AH 股溢价指数一般用数字表示。假如 AH 股溢价指数是 130，代表 A 股股价比同公司的港股股价，平均贵 30%。

正常情况下，AH 股溢价指数区间为 110~120，也就是说 A 股比港股贵 10%~20% 相对合理。如果 AH 股溢价指数超过 130，意味着恒生指数开始步入低估值区域。

除了 AH 股溢价指数，还可以纵向比较恒生指数的市净率（PB）。市净率指的是每股股价与每股净资产的比率。市净率反映了投资者为了获得企业股权，愿意付出超出企业净资产多少倍的代价来购买。假如恒生指数市净率分位数为 20%，说明在历史上只有 20% 的交易日的 PB 值比现在更低，这时候大致可以认为指数是被低估的。

四、其他选择：美股指数基金

美股指数基金中，标普 500 指数基金和纳斯达克 100 指数基金的名气最大。

标普 500 指数基金，追踪美国大盘股市场，覆盖了美国主要行业的 500 家上市公司，包括苹果、强生、宝洁等，占美国股市总市值 70%~80%。标普 500 指数诞生以来，起起伏伏，但总体趋势一直向上。

如果你有美股账户，并且有海外投资经验，最直接的方式就是购买美国上市的标普 500ETF。ETF（Exchange Traded Fund）指交易所买卖基金，是跟踪某类指数，可以在证券交易所被自由买卖的开放式股票基金。简单来说，就是基金公司买了一篮子股票，然后拆分成小份在市场上出售。

对于国内投资者而言，可以购买国内与标普 500 指数相关的公募基金产品。目前，易方达、博时、天弘、大成基金公司均推出了标普 500 指数基金。博时标普 500 ETF 基金规模大，截至 2022 年 12 月 26 日，管理规模超过 94 亿元人民币。

纳斯达克 100 指数基金覆盖了纳斯达克市值最大的 100 家公司，重仓股票包括苹果、微软、亚马逊、谷歌、脸书、英特尔等高成长性科技公司。2011 年以来截至 2021 年 12 月 3 日收盘，纳指 100 指数累计上涨 608.43%，年化收益率高达 19.5%。

美股市场知名的纳斯达克 ETF 基金是景顺发行的 QQQ。如果在 QQQ 基金成立最初时买入，至今资产可能上涨了 5 倍多。

目前，嘉实、广发、华安、大成基金公司均推出了纳斯达克 100 指数基金。广发纳斯达克 100 指数基金规模大，管理规模超过 75 亿元。

美股指数基金最好是在低估值时适当买入一些。

五、超额收益：策略指数基金

还有一种是策略类指数基金，它们有可能会创造超额收益，比如红利策略指数基金。

红利策略意味着指数基金按照一定的标准，买入一篮子股息率高、分红能力稳定的优质上市公司股票，并根据分红的变化进行调仓，以期待获取超额收益。

股票分红是上市公司将经营所得的利润采用现金或送股的方式返还给投资者。由于持续现金分红需要上市公司稳定的盈利做支撑，红利策略筛选出的也往往是盈利能力较强、品质比较优秀的公司。当然，分红少的公司不一定不好，也有可能这家公司将盈利用于再投资或生产，而不是分红。

购买红利策略指数基金时，一个重要的参考指标是股息率。股息率是每股分红与当时的股价比值，常用来衡量一个公司的投资价值，经常会变动。

$$股息率 = \frac{每股分红}{当时股价}$$

股息率越高，你获得的分红收益相对也越多。

红利指数基金的特点是定期分红，而且分红比例较高。举个例子，投资者买了 10 万元的红利指数基金，假如每年分红是 4.5%，那每年就会获得 4 500 元的现金流。如果在获得分红的同时，指数能持续保持上涨，那相当于既获得了现金又获得了资产的增值，而且随着指数的上涨每年的分红还会变得更多。

有哪些红利指数基金可以选呢？主要有三大类：

1. 上证红利指数基金

上证红利指数挑选在上交所上市，近两年连续现金分红、股息率高、具有一定规模及流动性的 50 只股票。

以华泰柏瑞上证红利 ETF 基金为例，10 年以来年化收益率约为 7.58%，最大下跌幅度约为 25%。

2. 深证红利指数基金

深证红利指数挑选在深交所上市，近两年实现了现金分红，且近三年里股息率至少有两年排名前 20% 的 40 只股票。

牛市初期处于上行趋势的时候，深证红利指数基金表现会更好。以工银深证红利 ETF 联接 A 基金为例，10 年以来年化收益率约为 9.35%，最大下跌幅度约为 25%。

3. 中证红利指数基金

中证红利指数挑选在上交所、深交所上市，近两年分红比较稳定，股息率高，具有一定规模及流动性的 100 只股票。

以富国中证红利指数增强基金为例，2008 年 11 月成立至 2022 年 3 月，年化收益率约为 10.7%，最大下跌幅度约为 20%。

红利指数在行情好的时候表现并不显眼，在行情不好的时候会比较抗跌。

不过，红利基金虽然分红比较稳定，但是比宽基指数基金波动大，而且红利指数基金的成长性比较弱，适合拿出一部分钱买入，长期持有，获得较高的股息收益和一定的盈利增长。

六、买卖指数基金的注意事项

购买指数基金时还有几个注意事项：

1. 在场内买，还是场外买

场内是指选择一家证券公司开通股票账户后，直接在证券公司 App 中购买。中国目前有 100 多家证券公司。

场外是指直接在基金公司官网购买，也可以在天天基金网、支付宝、腾讯理财通等第三方平台购买，无需开通股票账户。

对于新手投资者来说，场外购买更方便一些。

2. 可以定投，也可以在估值低时分几次买入，或者是一次性买入

比如每月工资到账后，拿出几千元分别投入几只基金中。定投适合不想承受大起大落的波动、每月有稳定的现金流、没有择时能力的投资者。

如果能在估值低的时候分批购买最好。在天天基金网、蚂蚁财富等网站上都能查到估值。

有很强的波动承受能力，而且有足够的把握认为市场不会低估太久，这种情况下可以一次性买入，但这只适合少数人。

只要投资时间足够长，至少 3~5 年，投资指数基金大概率能获得高于银行存款的收益。但是心态要平和，守得住。比如在

2012 年开始投资沪深 300 指数，长达 2 年的时间，几乎没有任何收益。直到 2015 年，沪深 300 指数才体现出翻倍收益。

“买几只指数基金，然后努力工作。”这是巴菲特对普通投资者的建议。

第三节　进阶：主动基金怎么选

如果不满足于指数基金的收益，又喜欢花时间研究基金经理、产品细节以及历年收益等，可以拿出一部分资金购买主动基金。

购买主动基金，就像去古着店里淘东西，拼的是眼光和阅历，那种愉悦会发酵似的增长。

一、选择“老将”的主动基金

主动基金，是指基金经理帮你择时买卖股票的基金。购买主动基金就是选基金经理。

对新手投资者来说，最好选择从业时间超过 5 年的基金经理。基金经理的成长路径一般是，从研究员做起，再升级为助理基金经理，最后成为基金经理，最少需要 5 年的成长期。而海外市场培养基金经理，普遍在 10 年左右。

A股一轮完整的牛市和熊市周期，大约是七八年。牛市里盈利比较容易，而熊市才考验基金经理能否控制风险，守住本金。评价一个基金经理的能力，要看穿越牛熊周期后，是否依然能保持15%以上的年化收益率。

对基金经理来说，就算可以在短时间内学习到尽可能多的知识，但是对市场的“手感”很难短时间培养出来，需要时间沉淀，更需要悟性。就像只有真正有年代感，而又有独特风格的物品，才有资格称作古着。

天相投顾数据显示，截至2022年8月17日，在3 125个基金经理中，单只产品平均管理年限为5~10年（含）的基金经理有171人，平均管理年限超过10年的基金经理有12人。

二、选5年左右收益排名靠前的基金

主动基金是否有持续收益，且历经时间考验，也是重要的考量因素之一。

买基金的时候，常常会看到一些“明星基金”挂在首页，近一年收益率高达35%以上，特别诱人。这就像买衣服追求流行趋势，可潮流一直在变化。

冠军基金很少蝉联。每年的市场热点，如地产、消费、医药、新能源等也在不断变化。所以，看收益率时要小心“冠军魔咒”，即当年表现数一数二的基金，第二年的表现往往都不如人意。

天天基金网做过一次测试，分别建立了三个组合：冠军组合、买低组合和“躺平”组合。

冠军组合：每年年初买入前一年冠军基金，持有一年整，年末最后一个交易日赎回后，于次年第一个交易日连本带利全部投入下一只基金，如此往复 10 次。

买低组合：每年都买入前一年最低收益的基金，如此往复 10 次。

“躺平”组合：每年都买入前一年业绩中等的基金，如此往复 10 次。

你猜哪个组合的收益最好呢？答案居然是“躺平”组合。业绩中等的基金不会某一年表现特别抢眼，也不会低到尘埃里。综合下来，业绩中等的基金反倒是表现最好的。

买基金时不要只看当下收益率，最好拉长看 3~5 年的收益率，甚至 10 年以上的总体收益率。

有人或许会说历史收益率不代表未来，不过一个成绩好的学生，往后继续保持成绩好的可能性更高。所以，选一只长期“成绩好”的主动基金，胜算更大。

有时候，一只基金 5 年业绩都不错，真正原因可能是行业估值持续提升。或者，由于市场风格切换，某一年某个风格的基金经理排名市场前列，当第二年市场风格切换的时候，第一年排名靠后的基金经理的业绩可能又排名前列。

了解清楚基金经理的行业口碑、投资逻辑和优劣势之后，再考虑买不买某只基金、买多少。

三、如何选择适合自己的主动基金

假如确定了基金经理从业 5 年以上，年化业绩在 15% 以上，再如何筛选基金呢？

1. 了解主动基金经理投资观，以及是否“知行合一”

基金业绩是基金经理对股票市场的认知结果。最好选择符合自己投资观的基金经理，就像交朋友一样。

了解一个基金经理的投资观，主要看他选择的基金持仓时间特别长的品种，以及评估基金经理买卖该品种的时间节点，在什么样的估值区间买入。

比如，你看好拥有“护城河”的优秀公司，可以选择擅长购买成熟行业、优质龙头公司的基金经理；要是你看好科技行业或医药行业的未来，可以选择擅长科技行业或医药行业投资的基金经理。

基金经理的“知行合一”也很重要。我曾买入一只主动基金，持有几年后，发现这只名为“某某互联”的基金，风格漂移，持仓非常分散且调仓频繁。后来，为了避免“基金盲盒”的出现，我开始看基金季报和年报，在报告中，基金经理们不仅会总结过往投资情况，分析感兴趣的行业或主题，还会对未来做出展望，有助于了解其投资风格。

2. 了解主动基金经理管理规模

基金管理规模不要太大，最好不要超过 100 亿元，因为船大难掉头。优秀基金经理管理的基金可以适当放宽一些。

根据“基金双十规定”，一只基金持有同一股票不得超过基金资产的 10%; 一个基金公司同一基金管理人管理的所有基金，持同一股票不得超过该股票市值的 10%。基金管理规模越大，基金经理要选出的股票越多。可是市场上的好公司就那么多。基金规模被推到很高后，可能导致后续业绩难以持续。

像打新基金（打新基金，是指在新股发行之际，以新股为投资标的，专职打新股的基金），规模太大会稀释打新收益。一般来说，打新基金规模在 10 亿元以内比较合适。

基金管理规模太小也不好，比如 2 亿元以下，有可能触发基金清盘。

3. 了解主动基金的各项费用

别小看主动基金的交易费用，可能不知不觉就吞噬掉了你的投资收益。

假如一个人有 1 万元的资金，又喜欢不断换基金，1 年换了 5 次，每次持有时间 1 个月。1 年下来手续费就要几百元。如果基金本身还不盈利的话，那就亏大了。所以，买入基金后要长持，免得花太多手续费。

基金的费用分为两类：

（1）看得到的。买入时支付的基金认购和赎回费用，约为0.15%~1.5%。

（2）看不到的。基金的运作费从基金净值的大盘子中直接扣除，所以投资者本身没什么感觉。运作费包括管理费、托管费、销售服务费等费用。

管理费：基金公司成立基金最主要的收入来源。不论基金收益如何，管理费都会收取。

托管费：银行收取的费用，用来确保基金的资金不被随意挪用。

销售服务费：销售方的主要收入。C 类基金有销售服务费，A 类没有销售服务费。但是 A 类基金的管理费中包含客户维护费，可以说是变相的销售服务费。

如果两只基金收益率接近，买入时优先考虑管理费、托管费、销售服务费等隐含费用加起来较低的一只。

4. 了解主动基金的换手率

换手率的高低反映了基金买卖股票的频繁程度，可以直接在天天基金网上查询。

换手率较高，比如持续超过 200% 甚至 250%，说明基金经理操作频繁，投资风格比较灵活，投资收益主要源于择时带来的波动收益，风格偏激进。

反过来说，低换手率说明基金经理操作风格相对稳健，投资收益主要源于买入并持有的策略，风格偏稳健。

换手率的高低并没有直观的衡量标准。如果有几只主动基金都想买，可对比一下其历年的换手率。优先选择换手率低、收益高的主动基金。如果仅仅是换手率低，收益并不理想，也不建议选择。

5. 了解主动基金回撤的幅度

购买一只基金时，最好提前明确自己可以接受的最大回撤是多少。**最大回撤，是指买入一只基金后，极端情况下跌幅会有多大。**

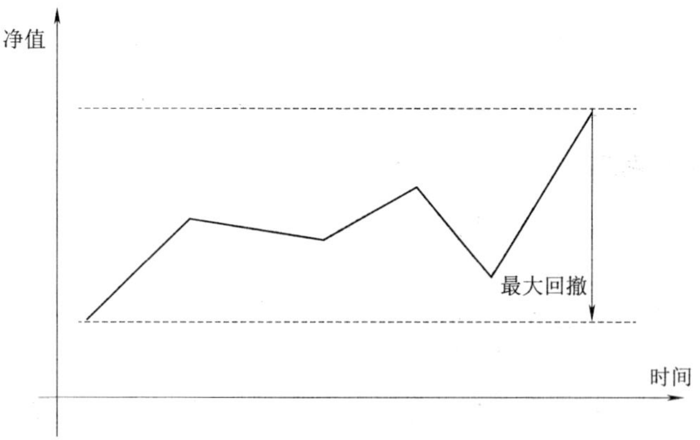

最大回撤示意图

最大回撤并不是你的实际亏损，而是你长期持有一只基金，可能会遇到的最糟糕情况。有些人看到幅度有 20%~30% 这么大回撤时，很容易就会拿不住，卖掉它。

每个人的投资风险承受能力都不相同。亏 5%、10%，甚至是 20%，不同的人所产生的落差都不一样。

跌得越多，回本越难，比如一只基金最大回撤 20%，那么需要上涨 25% 才能回到原来净值位置；如果回撤 40%，要赚 66.67% 才能回本；如果回撤 50%，就需要 100% 上涨。

有的人买了基金，下跌之后容易茶饭不思，或者备受打击。这是因为买了不匹配自己风险承受力的基金，亏损的幅度超过了自己预期。所以，买基金之前关注最大回撤率，相当于给自己提前打一支“预防针”。

怎样判断自己能承受多大回撤呢？可以用“良好的睡眠”测试法，即投资是否让你安枕无忧。假如回撤 30% 会晚上睡不着觉，就要减少风险量。

如果两只主动基金的收益率差不多，最大回撤更小的基金，持有体验更好。回撤越小，说明基金越抗跌。即使遇到了极端情况，基金回到正收益所用的时间也会更短。

“最大回撤”还可以当作参考线来确定仓位。仓位是指投资的资金占总体可投资资金的比重。假如你有 10 万元可投资资金，买入了 3 万元主动基金，就叫 30% 的仓位。

配置多少仓位的基金在自己的风险承受范围内呢？计算方式

是用你能承受的最大下跌除以基金最大回撤。比如某基金最大回撤是 40%，而自己能承受的最大下跌是 10%。那么对于该只主动基金，建议最多投 25% 的仓位，剩下仓位投资一些风险较低的品种。

6. 了解主动基金的业绩比较基准

业绩比较基准是指用主动基金的收益和某个指标作比较，看它的相对回报是多少。

比如，你在考试中得了 85 分，相当于绝对回报，但是年级平均分是 92 分，用平均分来比较就是相对回报。基金业绩比较基准可以在基金产品的季报或年报里看到。

买主动基金通常是为了比指数基金多赚一点。如果买入某只基金，收益最后和买沪深 300 差不多，那么即便是有了盈利，你的体验也会差一些。

因此，主动基金常常会选择某个指数，如沪深 300 指数作为业绩比较基准。主动基金的目标就是跑赢某个指数。

四、主动基金的卖出时机

买入主动基金后，什么时候卖出更合适呢？

1. 买入逻辑消失时卖出

如果是因为长期看好某个基金经理而买入，在这个基金经理离任之时，可能就会卖出。

如果是因为某只基金是追随当年的市场热点而买入的，当市场风格转向时，就到了卖出的时候。

如果是因为预期基金可能会上涨而买入，那就要问问自己，自己的预期有没有改变。如果预期改变，原来的买入逻辑没有了，自然也要卖出。

如果自己手上都是消费、医药基金，行业过于集中，赛道单一。单行业的仓位超过 20% 时，可以适当减仓，再增加几只其他赛道的基金。

如果手上的基金盈利水平明显低于同样投资方向的其他产品，并且没有非常好的过往业绩，也可以换成其他基金。

2. 动态再平衡时卖出

动态再平衡是指将资金按一定比例分配到两个或以上关联性不大的投资标的中，每隔一段时间检视一次，重新将每种资产的比例调整为最初的设定。

假如我们有 50 万元，以 5∶5 的比例，25 万元投入主动基金，25 万元投入其他投资类产品。一年之后，基金收益 15%，获利 3.75 万元，则基金市值 28.75 万元；其他投资品收益 5%，获利 1.25 万元，市值 26.25 万元。

此时按照动态再平衡策略，从主动型基金中赎回 1.25 万元放到其他投资类产品中，这样各是 27.5 万元。每年依此类推。

一般一至两年，家庭资金再平衡一次，看看是否要卖出。

另外，卖出主动基金时，还可以看看是否可以直接转换成其他心仪的基金。先卖出持有的基金，再买入新基金，大约要 4 个工作日，而基金转换只需要约 2 个工作日。

费用方面，基金转换虽然同样需要承担卖出基金的赎回费，但是转换新基金时，申购费只需要交纳差额即可，费率要低一些。

不过，不是所有基金都可以做基金转换。基金转换常限定于同一家基金公司旗下的基金。有的第三方销售平台可以在不同基金公司之间转换部分基金，相比赎回后再申购节省了时间，但是手续费差不多。

对普通投资者来说，分散选择不同风格、不同行业、长期业绩优秀的几只主动基金，持有体验相对好一些，收益更有保障。

▼ 第四节　规避风险：手把手教你买可转债

可转债也是不错的低风险投资选择。可转债，简单来说，就是上市公司开具的一张“借条”。当你买入可转债后，借钱期限到了，除了拿回本金，还能获得利息。

100 元面值的可转债，持有至约定期限的话，大约会得到

105 元至 115 元。听上去好像回报不高，但是可转债的交易价格会浮动。假如持有两年，可转债从 100 元涨至 130 元，平均算下来年化收益也有 15% 左右。

可转债最大的好处就是有 100 元的债底价格保底。正因为有保底，所以当可转债的价格跌破 100 元时，投资者可以保留债权，一直持有，等到期后稳收本金和固定利息。

可转债很灵活，它还能转换成一定数量的股票。一般来说，可转债价格是大于转股价值的，也正因为这样，如果出现可转债价格小于转股价值的情况，直接转股，就能赚到一笔差价。

比如，某上市公司的可转债转股价为 16 元，当正股价格为 20 元时，持有该公司可转债的投资者选择转股，则每股可赚 4 元。

一、可转债如何坚持打新

在买卖可转债之前，可以先尝试可转债打新，熟悉可转债市场的特性。可转债打新是一种简单、相对安全的投资方法，对理财新手很友好。

申购新债首先需要开立一个股票账户。如果我们的账户之前已经开通“可转债申购”功能，这个账户并不需要买入任何股票，就可以不断申购可转债。理论上来说，也不需要预先存入任何打新资金，中签之后才需要交钱。但是为了防止中签后忘记交款，也可以在账户提前存入 1 000 元。

不过，2022 年新规出台，对新参与投资者增设了“2 年交易经验 + 申请权限开通前 20 个交易日日均资产不低于 10 万元”的准入要求。之前已经开通可转债交易权限的投资者不受新规定影响，可以正常进行可转债交易。

1. 怎样打新债

（1）等待新债上市。每家上市公司会公布自己发行的可转债申购日，在这一天可以在券商 App 里申购，申购的过程也就叫作打新债，申购后中签的人才能交款购买。

（2）申购。打新债和打新股类似，一般券商的 App 中都有。申购数量最好选择最大，这样中的概率更大。不用担心如果中了 100 万元怎么办，因为能中 1 手就不错了。一般中签数是 1 手，即 10 张。

（3）中签交款。可转债面值是 100 元 / 张，中 1 手所需交款就是 1 000 元。等中签一般需要 2 个工作日，中签成功后系统会通知投资者，让投资者将对应资金转入证券账户，然后系统会冻结资金，直到可转债上市投资者才能操作。上市时间一般要 2 周至 1 个月不等。

（4）投资者可以选择卖出直接获利或继续持有。如果收益已经达到心理预期，就落袋为安。如果投资者看好这只可转债的未来表现，可以继续持有到心理预期价格之后再卖出。

2. 可转债打新误区

不少咨询者说自己在可转债打新上获利并不多。为什么呢？原因可能有三点：

（1）觉得数额较小，试打一下就放弃了；

（2）不能坚持次次打新，打了一次，或一段时间获利不多，觉得没有希望就放弃了；

（3）担心亏损。

如果是第一种情况，没有关系。投资的方法有很多，完全可以选择适合自己的方法。

如果是第二种情况，建议想一想督促和坚持的方法，以及怎么培养一个微习惯。2021 年，我先后参与了 4 个 100 天打卡计划，完全能够体会哪怕每天坚持做一件很小的事，一旦要坚持 365 天，难度就会加大。但是，坚持下来一定会有收获。

如果是第三种情况，通常来说，亏钱的概率比较小。万一破发，可以耐心等到可转债价格回到 100 元，甚至还有一定上涨之后再卖掉。

二、可转债买入的三个策略

打新基础上的进阶版操作是买卖可转债。对新手投资者来说，买卖可转债之前，建议一定要提前了解一下风险。

最大的风险就是超出可转债面值购买。一只面值 100 元的可转债，假如 130 元买入，最后它不涨反跌，一路跌破了 100 元，就算持有到期，连本带息拿回 110 元，还是亏损 20 元。

新手投资者可以用两种方式来降低风险。

1. 采用“双低可转债策略”

“双低可转债策略”是指买入价格和转股溢价率都比较低的可转债。

从价格来看，可转债的面值均为 100 元一张，债券到息后，面值加上利息为 105~115 元。取中间值的话，价格低于 110 元时买入，安全性更高一些。

从转股溢价率来看，一般可转债溢价率越低，代表可转债越便宜，值得购买。

转股溢价率是指可转债的实际价格相对于其转换为正股后价值的溢价水平，代表了可转债相比正股到底相差多少。

转股溢价率的计算比较麻烦，可以直接在一些基金网上查到。在基金网上搜索“某某转债”后，就可以查到转股溢价率的值。也可以在证券交易 App 中可转债专区，将可转债按照从低到高来进行排序，方便筛选。

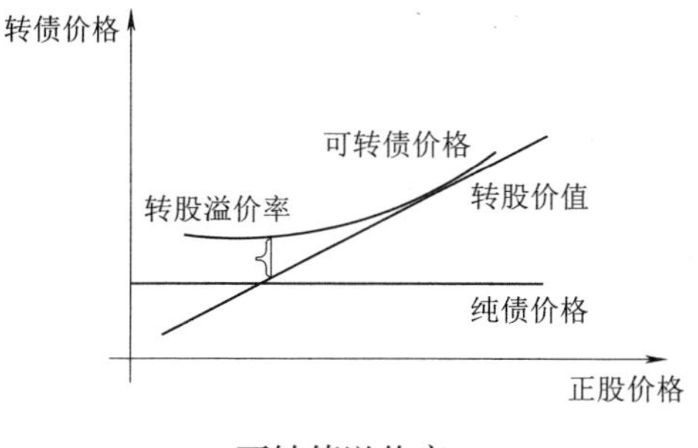

可转债溢价率

可转债溢价率的高低，是一个相对的概念，并不是某个固定数值。当转股溢价率为 20% 时，相当于花了 120 元购买了价值为 100 元的物品。

结合价格和转股溢价率，可以制定一个买入标准，比如价格低于 110 元，溢价率约 25% 时买入。

提醒一下，这里给出的价格和溢价率不是买入建议，仅为参考值，具体要结合自己的风险承受度和期望值来选择合适的双低可转债。

另外，并不是所有双低可转债都适合买入。最好选择行业中位于前列的公司，或者市值较大公司的双低可转债。

也可以结合可转债的债券评级来挑选可转债。债券评级按照从高到低的标准，可分为 A、B、C 三个等级。通常债券评级越高，可转债违约风险越小；评级越低，违约风险越高。A 级转债还债能力较强，违约风险较低，适合作为持仓标的。可转债 A 级又可分为 AAA、AA+、AA、AA−、A+、A、A− 共七级。

“双低策略”也会有失效的时候，比如在 2021 年，可转债行情比较好，平均溢价率超过 38%，很难挑出符合“双低策略”的可转债，除非你已经提前“埋伏”。买可转债就像购物一样，最好在淡季入手，旺季卖出。

2. “摊大饼”策略

“摊大饼”策略是指买入 10~20 只双低可转债，建立一个组合，分摊风险。如果一只可转债价格和溢价率涨到一定水平，就卖出。再选择新目标，继续“摊大饼”。

之所以“摊大饼”，是因为预期其中某一部分可转债未来会上涨。具体什么时候涨、涨多少，也无法知道。唯一能做的就是每样都买点，然后等待上涨。

可转债一次至少 1 手，1 手等于 10 张，按照 1 张面值 100 元来算，大概 1 000 元。如果“摊大饼”买入 10 只，每只各 1 手，总共需要 10 000 元。

可转债组合无需每天查看，因为可转债整体波动很小。只需要在每周复盘时，按照策略观察一下自己的数据即可。如果有调整需要，可以在开盘时卖出。

3. 可转债配债策略

可转债配债是指如果我们持有一家公司的股票，那么当公司发行可转债的时候，就可以获得购买这家公司债券的优先权。

比如，持有兴业银行股票的投资者，在兴业银行发行可转债时，约 400 股正股有可能配售 1 手可转债。具体的配债数量，券商后台会计算好，显示在持仓账户中。

配债只是优先拥有了购买资格，不需要像打新一样凭运气抽签。

可转债申购当天的交易时间段里，投资者可以打开券商 App，点击配债，价格输入 100，根据股票账户中持仓显示的数量输入申购数额，再点击买入，确认扣款成功即可。如果不进行这个操作，就默认为放弃了配债的权利。

参加了配债，依然可以参加这支可转债的申购，一边享受股东权利，一边拼手气。

提醒一下，新手投资者最好不要为了配债而主动购买股票。因为一旦购买了股票就要承受股票涨跌的风险，如果心态不稳，容易产生亏损。

三、可转债卖出的时机

什么时候卖出可转债合适呢？

第一种方法：可转债强赎时卖出

强赎即强制赎回，也叫提前赎回。强赎是指在满足一定条件的情况下，上市公司会按照特定价格强制从可转债持有人手中赎回已发行的可转债。

强赎的条件会事先公布，一般是在最近 30 个交易日里，正股价格有 15 个交易日不低于当期转股价格的 130%（含 130%），就可能触发强制赎回。

可转债达到了强赎的标准之后，公司可以选择强赎，也可以选择不强赎，并且一般都会发布强赎提示公告。在可转债发了强赎公告之后，比较安全的做法是在次日卖出。

提醒一下，如果公司已经确定强赎的时间点，那么一定要在强赎交易日之前卖出或转股。如果既不卖出也不转股，等待公司以 100 元加上极少的利息强赎，就可能使收益减少或亏损。

比如，你持有 1 手可转债，成本价是 130 元，买入的可转债将亏损:（130 元 –100 元）× 10 张 =300 元。

对于新上市的可转债不需要担心被强赎的风险，因为没到转股期，一般可转债上市 6 个月才会开始转股，所以上市半年以上的可转债才存在强赎的问题。

第二种卖出方法：达到可转债止盈心理值时卖出

比如设定的可转债止盈心理值是 130 元，则达到 130 元时卖出。

大部分可转债都可能涨到 130 元，因此对价格尚未达到 130 元的可转债就可以不止盈。当达到 130 元之后，是不是立刻就把可转债全部卖出呢？如果你是稳健风格，建议 130 元卖出，落袋为安。

如果可转债涨到 130 元，还可以选择“回落止盈法”。这种方法的具体操作是，达到 130 元，在可转债进一步冲高后，回撤 10%，或者回落 10 元时卖出。你也可以根据自己的喜好，将回撤幅度设置成 8% 或 12%。

总之，可转债的定价逻辑、交易规则较为复杂，在深入了解之前，新手投资者可以先花时间打新债。

▼ 第五节　读懂股市：买股票怎样安心获利

优质股票是长期回报很高的资产。耶鲁大学首席投资官在公开演讲时举过一个例子：

1925 年开始，你将 1 美元投资于各种资产，持有 81 年后得到的回报截然不同。

——1 美元购买短期国库券，你将获得本金的 19 倍；

——1 美元购买债券，你将获得本金的 72 倍；

——1 美元购买多样化的普通股组合，你将获得本金的 3077 倍。

不过，股票回报高，风险也高。对普通人来说，如果有意愿，可以拿出部分资金去购买股票，更令人安心。就算有损失，最大亏损也仅限于这一部分资金。

买卖股票最重要的是保证自己在市场中始终拥有一席之地，不会被动退场。

一、如何建立底仓：购买银行股

在股票市场，用资金参与新股申购，是一种风险较低的获取回报的方式。举个例子，你可以把即将上市的新股看成一套即将出售的房子，假设这个房子可以以 1 万元 / 平方米的价格成交。现在你有机会可以用远低于 1 万元的价格买到手，但是你要抽签才能得到这个机会。

如何获得申购新股的资格呢？你需要持有相应金额的股票。适当买入低估值的股票，获得申购资格，叫作建底仓。

银行股就是低估值股票。可转债打新盈利后，我买入了一些被低估的银行股作为底仓。比如，2020 年买入某银行股，买入价是 15.85 元，最少买一手，即 100 股，总计 1 585 元。

配置银行股虽然很难短期内获得超额收益，却可以获得长期稳定的好收益，收益具体包括两类：

第一类是股息收入。某银行股一手可以分红 76 元，除以买入时的股价，股息率为 4.8%。目前，大额存单的利率约为 3.3%。而且大额存单的门槛高，20 万元起购。理论上看，买银行存款类产品不如持有一年的银行股的年终分红高。不过银行存款的好处是旱涝保收。

第二类是股票上涨带来的收益。某银行股买入一年后，每股价格从 15.85 元上升到 23.3 元，涨幅 47% 时全部卖出，一手可获得回报 745 元。也可以仅赎回本金，利润留在账户里，每年获取分红。

买银行股也存在风险：一是选错了银行股；二是在银行股价格高点的时候买入。

A 股目前有 40 多只银行股，大致可以分为三类，国有银行、全国性股份制银行和城市商业银行。怎样判断一只银行股是否值得购买，价格高不高呢？

第一，看银行不良贷款率。不良贷款率指银行收不回，或疑似收不回的贷款占总贷款的比率。银行不良贷款率越低越好。

第二，看拨备覆盖率。拨备覆盖率指银行可能发生的不良贷款的准备金的使用比率。拨备覆盖率越高，说明银行的准备越充足。

第三，看股息率。股息率等于每股分红除以当时股价，可以在部分券商软件里直接查询。高股息率说明银行盈利稳定。

即使买入价格不高的银行股，也会有风险，就是未来银行不分红了怎么办？股价一直跌从来不涨怎么办？所以，买入银行股时，选择优质龙头银行股，在低估时购买更稳妥一些。

二、如何打新股获利

很长一段时间，A 股股票市场打新中签就能盈利。创业板、科创板新股上市首日平均涨幅超过 2 倍。但 2021 年下半年，新股破发率逐渐增加，尤其是估值较高的高价股。

想参与股票市场的新股申购，先要开通一个证券账户，再买入相应市值的股票，持有约 20 个工作日，就可以参与新股申购。

新股申购包括五大类：

第一类、第二类：在沪市和深市申购新股

上海证券交易所主板的股票是“6”开头，又叫沪市股票。深圳证券交易所主板的股票是“0”开头，又叫深市股票。

如果你只持有沪市市值，就只能打沪市新股。同样，只持有深市市值，就只能打深市新股。所以，如果要沪深两市都参与，就必须持有沪市、深市各 1 万市值的股票，约 20 个工作日后可以参与新股申购。

沪市的 1 个配号是 1 000 股，每 1 万元市值可以申购 1 个配号；假如你在沪市持有 10 万市值股票，申购新股时，会得到 10 个配号。配号都是随机的。

深市的 1 个配号是 500 股，每 5 000 元市值可以申购 1 个配号，1 万元就可以申购 2 个配号即 1 000 股。

沪市（深市）持有 1 万市值的股票等于 1 000 股可以申购的额度。

沪市（深市）持有 5 000 市值的股票等于 500 股可以申购的额度。

具体的申购额度不需要自己计算。当你买了股票后，你的股票账户会自动显示你有多少额度。

第三类：创业板打新

创业板股票是“3”开头的。开通创业板，要求投资者 20 个交易日日均资产 10 万元及以上，有两年交易经验。

20 个交易日，并非指 20 天。交易日是指除节假日外的周一至周五。资产包括市值和其他资产。比如股票账户里有 3 万元股票市值，7 万元现金也算资产。交易经验的计算，是从开户后，开始买卖股票，才计入参与交易的时间。

股票证券账户风险等级分为五级，分别是保守型、谨慎型、稳健型、积极型和激进型。创业板的风险等级是中风险，拥有开通创业板账户的权限，风险测试评级必须是积极型及以上等级。

第四类：科创板打新

科创板股票是“688”开头。开通科创板要求 20 个交易日日均资产 50 万元及以上，有两年的交易经验。

达标后，券商会要求投资者完成一份线上科创板知识测试题，得分在 80 分及以上，且风险承受能力等级应为积极型及以上，就可以开始科创板打新。

新股申购完成后，一般 8~14 个自然日股票上市交易。A 股中签率不高，但是中签后一开盘就卖出的话，通常可以获利几千元到几万元不等。

不过，由于现在上市后破发新股数量增加，申购时要评估一下上市新股的资质，避免亏损。比如，可以只申购沪市主板和深市主板的股票。因为主板上市条件严格，市盈率也不能超过23倍。或者申购科创板、创业板股票时，先排除利润亏损、估值高的企业。

除了在A股市场完成新股申购，港股市场也能打新。

港股打新是指参与香港证券交易所的新股申购。每年在香港上市的新股有上百只，中签率比较高，部分新股甚至有百分之百的中签率。A股的中签率为万分之三至万分之五。

而且，港股打新尽量让每个申购者都能抽到一手，剩余股票再进行分配。在港股打新的“鼎盛期”，热衷于港股账户打新的投资者，单账户盈利约为上万元港币。

现在港股打新对投资者判断力的要求也在提高，破发的概率相较前几年更高。港股打新之前，也可以参考A股打新的分析方法，判断股票有没有破发风险。如风险太大，就不申购。另外，出于稳妥的考虑，尽量不要融资打新，以免多交手续费。

第五类：美股打新

美股打新是指申购在美国纳斯达克、纽交所上市的股票。美股新股上市没有公开认购环节，投资者打新份额主要由券商拿到新股份额之后再提供给投资者认购。不同的券商拿到的股票类别和份额不一样，投资者打新中签的概率也不相同。

美股新股认购一般至少要100股以上，每股价格一般在5~15

美元不等，因此需要 1 500 美元左右的资金，为了提高中签率，一般新账户里资金超过 3 000 美元为佳。

普通投资者打新中签，一般会中一手，约 10~20 股。在尽量满足普通投资者打新的同时，认购股数越多的客户也就越容易打中。美股打新的好处是免手续费和中签费。

美股认购时间较短，通常在新股上市前 3~5 天开放，中签结果一般在公司正式上市当日才会公布。不过，美股的一些股票也存在破发的可能，且没有涨跌幅限制。

三、如何买入股票：寻找确定性

在建底仓的基础上，买卖股票是一件主观、有风险的事情。该不该买入？买哪只？什么时候买入？什么时候卖出？这些非常考验投资者独立思考的能力。

股市里有一个现象，有人分析出好公司，投资者直接拿到股票代码，并照此买入。但是，中途会受到各种诱惑和干扰，摇摆不定。或者拿不住，涨一点就跑了，或者因为恐惧，下跌时割肉。

从普通投资者的角度来看，建立股市独立思考的能力，首先是努力在“不确定性中寻找确定性”。

一家公司最大的不确定性来自公司未来的发展和真实盈利能否持续，成长的幅度会有多大？这也正是买入和卖出股票最难的地方。公司能否赚钱，可能受到无数因素的影响，而且没有任何机构提供担保。

确定性来自企业利润的推演。最好阅读上市公司的财报，将历年净利润适度打折后，预估和推算该公司未来的合理估值。

估值是股票价值的体现。

常用的估值指标有两个：市盈率（即 PE）和市净率（PB）。

市盈率（PE）= 每股股价 ÷ 每股收益 = 总市值 ÷ 净利润

市净率（PB）= 每股股价 ÷ 每股净资产 = 总市值 ÷ 净资产

不过，就算买入了一家长期盈利的公司股票，也会经历股票短期的震荡。当一只股票下跌 40%，绝大多数人都会怀疑自己的决定是否正确。毕竟在股市，追求的是确定性的概率。既然是概率，就意味着有失败的可能。

如果完全不能接受不确定性，就只能投资国债、存款等风险小的资产品种。因为买股票就是预测未来，一定会存在不确定性因素。

投资者也要理解买股票是买入优秀的、能长期盈利的公司。买入后，长期陪伴公司成长，实现盈利。

对新手投资者来说，买入行业成熟、成长性较好、净资产收益率（ROE）多年高增长的公司的股票是比较稳健的选择。净资产收益率等于净利润除以净资产，是衡量公司长期赚钱能力的指标。价格太高时不要买入。当市场情绪高涨，所有人都看好这只股票时，可能股票价格已经不低了，需要警惕。

当然，对低估值股票，也要提防价值洼地。高估值的风险是显性的，可以看数字判断；而低估值的风险往往是隐性的，需要深入理解才能找出陷阱。对低估值的股票，可以结合未来 1~3 年行业的景气度变化来行辅助判断。

买卖股票时，长期持有股票应该是结果而不是目标。最好给自己的每一只股票设置调整点和止损点，不触及也就不需要改变，一旦出现调整点，就必须严格执行应对计划。

总之，股票价格什么时候上涨，没有人能够控制和预测。对普通投资者来说，找到估值低、盈利确定性强、亏损可能性小的股票买入，在不确定性中寻找确定性，才能提高成功的概率。

还要提醒一点，如果你不能接受本金在 40% 上下的波动，最好不要参与股票市场。

▼ 第六节 打理财富花园：手把手教你定制家庭理财方案

每次和咨询者谈到如何建立家庭理财方案时，我常常用园艺打比方。上海及附近的江浙地区，有许多美丽的园林，除了巧夺天工的亭阁、假山和怪石，园林里的植物也很有讲究，有娇艳欲滴的茶花、亭亭玉立的莲花、火焰般的鸡爪槭、傲雪凌霜的蜡梅……各色鲜花轮流绽放，生机勃勃。

对一个家庭来说，制定家庭理财方案就像是用心浇灌财富花园，理想的情况是拥有多个投资品种，四季都有鲜花可赏。

一、分散投资，四季皆有花可赏

如何买入多个投资品种呢？

第一，将家庭全部资金分成两类

一类购入增值类资产，如基金、股票等，提升家庭总体资产的收益率；另一类归为安全类资产，如现金、存款、货币基金等。就像园林里的草木，只要根基未受损伤，终将顺利生长。

第二，增值类资产也需分散买入

可根据自己的偏好，搭配买入指数基金、主动基金、可转债、股票等多个品种。分散的好处是当部分资产下跌时，另一部分资产可能跌得少或者上涨。这就像培育园林植物一样，四季常青。

就算只买入了某一类资产，也尽量分散配置，不要把所有鸡蛋都放在一个篮子里。

举个例子，有投资者将全部的养老金都买入了某只地产股。在他看来，地产股估值低，比较安全。没想到，股票买入后价格一直没上涨，还有所下跌。这使得他寝食难安，不知道该止损，还是继续坚持下去。

其实，不是他选择的股票有问题，而是选择方式有问题。买入股票时，最好分散持有两三个行业的，承受下跌压力时，心态上才能更平稳。

再以主动基金为例，如果买入一家基金公司的多只基金，或者是同一个基金经理管理的多只基金，风格类似，分散效果和持有体验也未必很好。

买入基金时，可以分散买入不同基金经理，不同风格的基金。基金的风格一般分为大盘型、中盘型、小盘型、价值型、平衡型和成长型。

比如，购买一只大盘成长风格基金，搭配大盘价值风格基金，相比仅仅购买单一风格的基金更稳健一些。大盘成长风格基金主要持有茅台、五粮液、恒瑞医药等市值较大的高成长性公司。大盘价值风格基金主要持有招商银行、中国平安、万科 A 等市值较大、估值较低的公司。

此外，也可以购买不同主题的基金，如消费类基金搭配医药主题的基金，或者银行类基金搭配科技类主题的基金等。

第三，结合地域的特性，分散买入不同品种

买入基金、股票等增值资产时，还可以结合地域的特性，分散买入 A 股、港股等不同市场的品种。

比如，偏好风险高一些，可以配置 A 股股票、港股股票等；偏好风险低一些，可以配置 A 股基金和可转债、港股基金等。

为什么要配置港股呢？港股市场吸引了一些科技创新、创新药、互联网医疗、餐饮等公司上市，其中不乏优秀的公司，如腾讯、阿里巴巴、小米、美团等，而且港股整体估值不高，在投资组合中适当加入港股，有助于优化家庭资产组合的风险和收益。

投资港股，有三种方式：

（1）开通港股通。拥有沪市 A 股账户，账户资产不低于 50 万元，可以开通港股通账户。港股通买入和卖出除了交佣金和印花税，还会产生汇率差。

（2）直接在港股市场开户投资。办理中国香港银行卡后，选择有香港持牌资质的券商开通港股交易账户。

（3）购买 QDII 基金（QDII 基金是指经批准从事境外证券市场的股票、债券等有价证券业务的证券投资基金）。在场内的 A 股账户和场外，如天天基金网等第三方平台购买 QDII 基金。QDII 基金能投资所有类型的海外资产，可以是股票、债券，也可以是海外基金和 REITs。

也可以买入美股股票和基金。投资美股，有两种方式：

（1）直接在美股市场开户投资。办理中国香港银行卡后，选择有美股持牌资质的券商开通交易账户。投资美股，只买一股也可以操作，不像其他市场，买入 1 手就需要一笔不小的资金。也可以通过美股账户直接购买国外的美股指数基金。美股市场上知名的 3 只标普 500ETF 为 SPY、IVV、VOO，前十大持仓均为苹果、微软、谷歌等。纳斯达克 100 指数可以说是美国的科技指数，跟踪该指数的 ETF 基金主要有 QQQ。

（2）在国内购买跟踪美股的基金。国内跟踪美股的指数基金，主要分为宽基指数基金和行业指数基金。宽基指数基金以标普 500ETF 和纳指 100 指数基金为主，行业指数基金主要是跟踪生物医药、消费类等行业。

如果在场外购买跟踪美股的指数基金，赎回周期一般在 7 天左右。因为是用人民币购买海外资产，基金公司需要先换汇，然后再交易，而且还要考虑股市交易时间差。由于外汇额度的限制，如果额度不够，基金会限购或暂停申购。

第四，分散买入基金、股票等增值资产时，时间最好也能分散

低估时分批买入，估值正常时坚定持有，在高估值区域分批卖出。估值低的时候买入，很大概率能获利。但是如果投资者买入时价格较高，可能持有了七八年，还是会亏损。

不同的投资品种，处于低估区的时间不一样，判断标准也不一样。比如，判断指数基金是否低估，可以参考理财网站提供的指数估值数据及判断标准。当一只指数基金处于绿色低估区域时可以买入，处于黄色正常区域时持有，处于红色高估区域时卖出。

如果几家机构对低估区域的评判标准不统一，又如何选

择呢？投资者可以仔细研究不同指数估值数据机构的“安全边际”。以同一只指数为例，谁最后进入绿色低估区域，谁的安全边际线往往就更高。根据个人的风险偏好和实际情况，选择最契合自己希望留出“安全边际”的那家机构的估值表，参照买入即可。

如果觉得判断估值过于麻烦，也可以选择定投，逐月买入，摊低成本。虽然定投买入未必能获得最高收益，但是长期投资获利概率高，持仓也相对平稳。

二、勤加打理，每年资金再平衡

就像园林里的花草树木需要勤加打理，家庭的资产也是如此。如果你已经将资金分散投入完毕，每一年可以对家庭的资金再平衡一次。

举一个简单的例子，假如你在年初有 10 万元本金，买了 5 万元基金，另外 5 万元买了国债。年底时，国债价格不变，基金价格上涨后占比超过 50%，达到 6 万元。这时候，做一次资金均摊，卖掉盈利的一部分，并买入国债，使基金和国债的比例继续保持均衡。

每年平衡一次，最重要的作用不是提升收益率，而是减少跌幅，让你的持仓体验更佳，持有时间更久，提升长远收益率。增值类资产和安全类资产各一半的配比方式并不是绝对的，也可以适当调整。像美国养老金基本用的就是各占60%和40%的平衡策略。

到底如何去分配股债的百分比呢？可以结合自己的目标、风险承受力、人生阶段、愿意在投资上花的精力，以及财富状况来搭配投资品种。

以下提供的搭配比例仅供参考，具体的资金方案还需结合自己的实际情况和风险承受程度来确定。

（1）目标是积累养老金。风险承受度高，刚刚组建家庭，投资所花精力少，财富状况一般。可以采取60%基金、股票等投资品种，40%存款等安全品种策略。

（2）目标是积累养老金、教育金。风险承受度中等，家庭进入成熟期，投资所花精力多，财富状况很好。可以采取50%基金、股票等投资品种，50%存款等安全品种策略。

（3）目标是家庭资金跑赢通胀。风险承受力低，已退休，投资所花精力中等，财富状况中等。可以采取30%基金、股票等投资品种，70%存款等安全品种策略。

不管如何调节股债配比，家庭都要持有一定比例的现金类资产。它可以降低市场低迷时的回落风险，也可以让我们有余力买入“错杀”和“低估”的好资产。

提醒一点，现金类资产可以放到银行随时申赎、风险等级较低的产品，类似于余额宝，年化收益约2%。随着经济波动还可以适当提高现金类资产的占比。

投资股票、基金等增值类资产，一定要用 3 年至 5 年闲置的资金。股市有涨有跌，如果在股市低潮急需用钱，就可能“被迫下车”而遭受损失。所以要合理预估自己的投资本金，坚持长期投资。

三、搭建适合自己的理财方案

搭建一个适合自己的家庭理财方案，可以请优秀的投资顾问给出建议。但最了解你和家庭的人一定是你自己，最终的路一定是自己探索和走出来的。

就像世界上别具特色的园林千千万万，有的是清新质朴的自然风格，有的则是雕梁绣柱的华丽风格。每个人都有适合自己的风格。

毕竟，每个人所处的经济周期、遇到的市场变量、目标、偏好，以及投入的时间精力都不一样。无论多么优秀的投资经验、逻辑、方案，其实都无法直接复制和套用。

搭建一个适合自己家庭的理财方案，还需经得起时间考验。短期获利再多，如果方法错误，早晚会连本带利还给市场。

巴菲特曾举过一个例子，假设有一把左轮手枪，枪里面只有一颗子弹，中弹的概率是千分之一。如果没有命中，就能拿到 10 亿元。你玩不玩呢？巴菲特的答案是，不玩。虽然 10 亿元很诱人，但概率极低的中弹事实一旦发生，人生一切归零，所以这个游戏不应该玩。

持续获得长期稳定的收益才是每个人真正要追求的目标。对普通投资者来说，家庭理财方案的年化收益率如果能够长期稳定在 8% 至 10%，就已经很不错了。

第四章

女人这样投资，让自己“价值千金”

理财思维很重要。理财不只是算账，还能帮助我们以结果为导向，灵活运用手中的资金，避开风险，获得最大化回报。

▼ 第一节　追求温馨：买房要懂的七条财务思维

买房是人生最重要的财务决定之一。对很多人来说，买房可能是第一次学着用“财务思维”思考：怎样调动和最大化利用几十万元甚至上百万元的资金？怎样还房贷更合算？什么样的房子适合自住或有利于资产保值？

买房的时候，懂一点财务思维很有必要。财务思维不只是算账，还能帮助我们学会以结果为导向，灵活运用手中的资金，避开风险，获得最大化回报。

一、财务思维一：全款买房还是分期付款买房

有咨询者曾私信我，问：“全款买房好，还是分期付款买房好？”我给出的建议是“从现金的使用成本看哪个决定更合算”。

如果你的家庭资金很宽裕，又不愿意承受一定风险及额外费用，那就相对保守一些，可以考虑全额付款。

从总额来看，全款买房比分期付款省钱，减少了手续费、贷款利息等，而且房子出售时不必受银行贷款的约束，更容易出手。

再以分期付款为例，假如首付 30 万元，商业贷款 70 万元，每年支付利息约 5.4%。这时候，你可以判断一下，每年是否能用 70 万元现金带来高于 5.4% 的投资收益。如果能做到，分期付款买房更合算；如果做不到，全款买房更好。

总之，不同的人适合不同的付款方式，既要看手上的资金积累，也要看自己的风险承受能力。

二、财务思维二：分期贷款总额占家庭总收入的比例

有咨询者每年的家庭收入有 30 万元，前不久贷款买了一套自住房，是否合适呢?

对不同收入结构的家庭来说，分期贷款金额占家庭收入的比例也不相同。

如果工作稳定，建议每月分期贷款占收入的 35%，最多不要超过 50%。这位咨询者的房贷每月折合下来约 19 000 元。她和先生两人的收入每月总计约 25 000 元。贷款占月收入将近 76%，比较吃力。

月供占收入比重过高，除了增加经济压力，还有可能带来心理负担，容易陷入不安全感。

如果工作不稳定，甚至是个人独立供房的话，建议每月分期

款占收入的 20%。如果出现意外情况导致无法按时还房贷，可以考虑将房子租出去，以租养贷，为自己争取缓冲的时间。

三、财务思维三：每个月的收入结余是否全部用来偿还房贷

风靡全球的财商读本《小狗钱钱》里有一句重要的话：不要把赚到所有的钱拿来还房贷。

如果每个月的结余全部用来偿还房贷，有两个不利之处。

第一，抗风险能力较弱

生活中意外无时不在。如果是上班族，有可能碰到失业；如果是创业者，有可能碰到生意不好的时候。在财务低谷期，手头尤其需要一笔稳定的结余来保障家庭的基本开支，缓解巨大的心理焦虑。如果平时大部分的收入都用来还贷，手头没有太多积蓄，资金断流时会捉襟见肘。

家庭总结余最好可以保障家庭一两年的生活花费，并且这笔钱可以随时调用，不会损失利息或收益。

第二，资金利用的性价比低

假如每月有 2 万元结余，1 万元用来还贷款，5 000 元用来花销，还有 5 000 元可以做一些稳健投资。投资得当的话，有可能为自己带来超出房贷利率的收益。

等到手上积攒了一些资金，想要享受“无债一身轻”的状态，

或者之前买的房子所在的城市、地段不好希望置换时，可以考虑提前还贷款。

目前，在不少城市，是否还清贷款可能影响再购房时的首付比例。

四、财务思维四：还款，等额本金还是等额本息

买房贷款一般有两种方式：等额本金和等额本息。

1. 等额本金的还款方式及优缺点

还款方式：每月偿还相同金额的本金，由于剩余本金减少，每月的利息也逐月减少。等额本金每月总还款额不一样，逐月递减。

优点：由于等额本金还本金更多，相当于每个月都提前还款，减少了本金余额，因此总利息会少一些。

缺点：等额本金前期每月还款金额比等额本息要高。对刚开始工作的人来说，还款压力比较大。

2. 等额本息的还款方式及优缺点

还款方式：等额本息每月总还款额一样，所含利息逐月递减、本金逐月增加。

优点：每月还款额固定，方便规划资金。等额本息前期还钱少，对刚开始工作的人来说，还款压力小一些。

缺点：相比等额本金，等额本息占用本金时间更长，最终要还的总利息较多。

等额本金和等额本息，到底应该如何选择呢？

如果你有足够的月供能力，且还贷不会影响生活品质，自有资金并没有其他合适的投资方式，希望少还一些银行贷款利息，可以选择等额本金。

如果你收入不高，又想买房自住，选择等额本息，贷款时间拉长到 30 年是较佳选择。

小欣刚参加工作，婚前买房，贷款 100 万元。按照贷款利率 5.4% 计算，等额本金和等额本息的还贷成本和月还款额如下：

等额本金方式：贷款金额 100 万元，贷款时间 30 年，支付利息 81.23 万元。首月还款 7 278 元，逐月递减。

等额本息方式：贷款金额 100 万元，贷款时间 30 年，支付利息约 102.15 万元，每月固定还贷约 5 616 元。

经过比较，同样的贷款金额、期限和利率，等额本金的还款总额比等额本息的还款总额低了 20.92 万元，似乎更加划算。可是等额本金的月还款额，第一年每个月都超过 7 000 元，第二年也是如此。相比等额本息，每个月要多支出几千元，较大的还款压力有可能影响生活质量。

小欣参加工作不久，未来的收入呈上升趋势。如果现在将全部收入用来还款，也就没有办法进行投资规划，而投资是需要时间和经验积累的。

对小欣来说，未必要用等额本金贷款节省利息。选择等额本息的方式，并且将贷款年限拉长至30年，能够减轻工作初期的经济压力。如果未来提前还掉贷款的话，也不用支付后期剩余利息。

对每个家庭来说，最重要的是结合未来收入的变化、对生活质量的影响、家庭现有资金的规划等，选择适合自己的还款方式。

五、财务思维五：酒店式公寓和商铺值得买吗

酒店式公寓作为非严格意义上的住宅，产权年限通常为40或50年，户型面积一般在50~60平方米。

酒店式公寓属于商业办公产权，水电费采用商用价格，比一般民用水电费贵，也不通燃气。购买酒店式公寓限制较少。不过，绝大部分酒店式公寓买来不能落户、不能作为学位房，物业费也比较高。

有购房资格的人一般都首选住宅。酒店式公寓能不能买，最重要的是看处于什么样的人生阶段，以及购房用途。如果是单身，或是买来用于投资，要重点关注酒店式公寓所处地段是否优越，或者出租是否方便，真实回报率如何。

挑选商铺比酒店式公寓更难。投资是商铺的天然属性。投资商铺除非特别有把握，比如商铺位于购物中心旁，设计合理，和

周边的居住人群有很好的互动，以及品牌开发商有商业运营经验等，否则不要贸然入手。

如果你积累了一定财富，找不到其他低风险且能产生现金流回报的投资产品，又对公寓和商铺进行了长期研究，实在很想购买的话，需要注意以下三点：

第一，选择公寓和商铺时，不要只看报价，要将契税、印花税、增值税、个人所得税、交易手续费等加总，综合计算每年的租金回报率。

第二，预估公寓和商铺收益时，不能简单地将月租金收入乘以 12，最好计入空置期的空置成本、中介费等。通常，对业主而言，上一家租客走了，不太可能完全无缝对接到下一家租客。

第三，最好实地调研，多方走访，了解月租金是什么情况。

提前排除各种风险后，再综合考虑公寓和商铺是否值得投资，年化回报率能达到多少，是否符合自己的心理预期。

六、财务思维六：售后包租的度假村值得买吗

不少人都收到过售后包租的度假村资料。售后包租是房地产商为了促进销售，在建造商品房时与购买人约定，开发商以代理出租的方式进行出租，提供固定的租金回报。

我也曾收到过类似的资料，比如千岛湖边的某个度假村公寓，总价 52 万元起，有产权证。房产公司包租，有两种投资套餐供选择：

（1）前 5 年，业主和开发商平分租金收益，后 5 年业主拿三成收益。

（2）10 年都是四六分成，业主获得四成。

投资者拿到收益的同时，每年还能享受到房产公司提供的全球 21 天度假交换权益。

度假村公寓总价不高，每年获取租金收益，还不用自己打理，听上去挺合算的。不过，仔细研究后发现，这种房产投资问题比较多。

第一，存在法律风险。《商品房销售管理办法》规定，不得采取返本销售或者变相返本销售的方式销售商品房。

第二，投资没有延续性，10 年之后的收益没法保证。开发商最初提供的投资套餐只有 10 年有效期，之后要重新召开业主大会，讨论续签的方式，存在变数。

第三，如果出现意外因素，出租情况不理想，租金分成也没什么吸引力。而且这种房产还是商住性质，只有 40 年产权。

总之，"随便买房"的时代已经一去不复返了。培养财务思维，才能更好地经营房子，规划人生。

▼ 第二节　金价还会再涨吗？该不该买点黄金

我的抽屉里有一枚表面光光的黄金戒指，还是结婚的时候婆婆送的，还有黄金吊牌、黄金麦穗扭结形项链、手链等。

以前买黄金饰品时，常常对自己说：“这不是花钱，是投资，黄金是有保值作用的。”

事实真是这样的吗？

一、买黄金饰品保值吗

其实，买黄金饰品和投资是两回事。如果黄金报价是每克380元，那么金店足金的报价估计在480元左右，高出约100元。

买到手的黄金饰品之所以高于黄金价格，在于黄金饰品的价格包含了工艺附加值，即1%至5%的加工费用、运营成本等。

黄金回收时和出厂品牌、设计师是否知名关联不大，主要看黄金的金含量。一般来说，黄金饰品回收时的价格比黄金同期挂牌价低。总之，买黄金饰品可以搭配服装，升值的可能性不大。

1. 金条

相较而言，金条比黄金饰品更具投资价值。几千年的时间里，金条在绝大多数情况下，都可以当钱使用，是让人踏实的硬通货。

“乱世黄金，盛世收藏。”至今，不少家庭都会购买一些金条、珠宝，以备救急时使用。不过，金条一般100克起售，以金价每克380元为例，100克金条需要支付38 000元，有一定的投资门槛。

金条分为投资性金条和纪念性金条。投资性金条的工艺相对简单、加工损耗和成本低，只要金价上涨就会有利润。购买投资性金条时，最好横向比较一下价格。有的金条每克一次交易成本3~5元，有的高达十几元。

投资性金条的回购条件也不同。有的金条在金商铺面回购，有的则通过银行回购，还有的金条会设置其他的回购条件，比如只在特定日期进行回购。

纪念性金条分为不同的品牌、主题，如世博金条、贺岁生肖金条等，出售价格是固定的。纪念金条要找到买家才能出手，不如投资金条出售方便。

2. 金币

金币的分类与金条相似。

一种是投资性金币，如熊猫金币。目前全国已有近50家熊猫金币官方授权代理回购网点。

另一种是限量发行的样币、纪念性金币，这类金币主要具有收藏价值。

3. 积存金

除了金条和金币，还有一种黄金投资工具——银行发行的积存金。积存金类似于建立一个黄金零存整取账户来投资黄金。比如，投资者在银行柜台或者手机银行开立黄金积存金账户后，就可以申请每月自动在账户上扣款，或者在某个时间点主动一次性申购积存金。

积存金根据国际黄金市场行情报价，1克几百元起步。定投积存金一般默认为最短期限一年。一年期满后可选择卖出，也可选择延期。卖出时累积的积存金份额可以赎回，或者兑换实物黄金赚取差价。

持有积存金期间，黄金由银行代为保管，免去了来回搬运和存放实物金条的安全烦恼。

以工商银行为例，积存金的积存和赎回手续费标准是0.5%。

二、买黄金不如投资黄金基金

对普通人来说,最便捷的投资方式或许是购买黄金ETF基金，更能保值和升值。

黄金ETF基金是一种以实物黄金为基础资产，紧密跟踪黄金价格波动，并且在证券交易所上市的开放式基金，可以像买卖股票一样方便地交易。投资ETF基金相当于间接拥有上海黄金交易所的黄金持有“凭证”。

黄金ETF基金主要投资上海黄金交易所的黄金现货实盘合约AU99.99、AU99.95等，其紧盯实物金价。ETF联接基金将不低于90%的基金资产投资于目标黄金ETF基金。

每份黄金基金的净资产价格相当于0.01克现货黄金价格减去

应计的管理费用。

选择黄金 ETF 基金时，规模较大、流动性好的基金收益更高。另外，由于黄金 ETF 基金紧密跟踪的是黄金现货价格，基金跟踪时误差较小，管理水平较高，能取得的收益较透明。

买入黄金 ETF 基金时可以采用逢低逐步加仓或定投的方式，要比一股脑全部买入更稳妥。

三、黄金基金的价格为什么会波动

影响黄金 ETF 基金价格波动的原因有三个方面：黄金价格的波动、租赁黄金的收益以及汇率因素。

1. 黄金价格的波动

当前黄金用美元衡量，所以美元和黄金关系非常紧密。长期来看，黄金的价格和美国债务的变化最为相关。一般美国政府债务大幅扩张时，都会带来黄金的上升行情。比如 1970 年至 1980 年，2001 年至 2011 年，以及 2018 年至今这几轮黄金价格上涨，都伴随着美国债务的大幅扩张。相反，对经济复苏和通货膨胀的预期上升时，黄金价格可能就会趋于平缓，甚至回落。

还有一种特别的情况——战争。战争对参战国来说意味大量财政支出和债务水平提升，这往往要超发货币，靠货币贬值来降低债务水平，这时货币信用降低，黄金价值随之提高。

或者投资人对流动性要求提高时，也会卖出黄金甚至国债，持有现金以应对流动性，导致金价下跌。从 1971 年至今的 50 多年里，黄金价格上涨了约 54 倍。但是，在过去几十年里，金价最大回撤也超过了 53%。

2. 租赁黄金的收益

基金管理人可以把部分黄金仓位租赁出去，额外享受租赁利息，这是其他黄金投资工具都没有的优势。

黄金租赁的收益主要受租赁规模大小的影响。此外，管理团队是否有精细化的管理能力也影响黄金租赁的收益。

黄金 ETF 基金出租黄金取得的收益会影响到基金的净值。按照监管规定，租赁的收益全部计入净资产。

3. 汇率

虽然黄金 ETF 基金投资的标的为上海黄金交易所挂盘交易的黄金现货合约，其交易价格以人民币计价，但是该价格的变化主要受到国际黄金价格的影响，所以人民币与美元的汇率变化也对投资黄金 ETF 基金获得的真实收益有影响。

四、家庭为什么要配置黄金资产

黄金最根本的优势是保值、避险，长期以来一直兼具商品属性和货币属性。

黄金有两个明显的特征：首先，黄金与股票、债券等通常不是同涨同跌，适合用来降低家庭资产组合的波动性；其次，在高通胀、有地缘政治风险的时候，黄金往往具有很好的表现，既可以提高收益，也可以降低风险。

所以，黄金更适合作为资产配置的补充，占家庭总资产的 10% 左右。如果要投资黄金，最好是用家里的结余购买，长期持有。

▼ 第三节　为自己投资：买什么收藏品最靠谱

我在新加坡研学访问时，曾经参观过一个小小的画廊。当时画廊主人的朋友也在。聊天时，他说起 10 多年前自己做销售时开了一个大单，拿了不少奖金。因为他的妈妈特别喜欢日本艺术家草间弥生，他就用几乎全部奖金为妈妈挑了一幅草间弥生的画作。

草间弥生是日本的艺术家，又被称为“圆点女王”“怪婆婆”。近些年来她的名气越来越大，画作价格也不断攀升。画廊主人的朋友购买的画作也增值颇多。

不过，他说，买画、藏画的乐趣不完全在于增值，更是一种愉悦感。对于普通家庭来说，一定是因为喜欢而买，而不是因为要获利才买。

一、“喜欢”是最朴素的收藏动因

“因为喜欢而买”，这句话道出了普通人收藏的真谛。

有一个以“零用钱购买艺术品”著称的收藏家——宫津大辅。他是日本一个普通广告公司的职员，几十年来，他用上班的收入收藏了超过 300 件当代艺术作品。有时候，艺术家办个展时还会向他借自己的作品。

宫津大辅也非常喜欢草间弥生的画。因为预算有限，宫津大辅尽量只买大约 7 000 元以内的作品。当他碰到草间弥生的《无限的网》时，定价约 30 万元，远远超出他的预算。家里人很是不解，一幅只有圆圈和点的小小画作凭什么就能值 30 万元?

当时宫津大辅一下子也拿不出这么多钱。宫津大辅和画廊商量，先用自己的存款付一部分，余下的分期付款。于是，他白天在办公室上班，每周有三天晚上去酒店做兼职。他省吃俭用，拼命攒钱，最终如愿以偿买下这幅画。如今，画作《无限的网》已经升值了上百倍。

在宫津大辅看来，很多人收藏画时会去考虑艺术家是否出名，有没有做过双年展，或是有没有被大画廊代理，往往忽略了自己是不是喜欢这幅画作。而宫津大辅觉得，喜欢这种感情恰恰是最朴素的收藏动因。

能够经常观赏喜欢的画作，在日常生活之中为自己营造一方独有的艺术空间，本身就是一件再幸福不过的事。如果画作有所增值，那是锦上添花，意外之喜。这么多年，宫津大辅从来没有卖出自己收藏的艺术品。

二、收藏当代艺术画作的“怦然心动”

宫津大辅收藏的大多是当代艺术作品。这既是因为毕加索、凡·高这些过世的艺术家画作太过昂贵，动辄千万元乃至上亿元的价格，不是处于工薪阶层的普通人可以负担得起的，而同年代的艺术家作品的价格要亲民许多。

有研究者将市场上的艺术品分为三类：即新人新作、名家小作和大师名作。

新人新作是潜力股。好比在毕加索初出茅庐时就买下他的作品，投资一个新人艺术家，可能带来几十倍、上百倍的回报，但是也非常难。

名家小作是绩优股，风险不大，价位也适中。

大师名作是艺术品交易中价格最高的一类。不过，就算大师的作品，也未必都是天价，要看是否优质、稀缺。

对普通人来说，新人新作和名家小作的价格更适合，有兴趣的话可以多了解。

如今，普通人足不出户也能买到一些性价比较高的当代艺术品。比如有生活美学购物平台开辟了线上拍卖栏目，每个月都会有各种主题的拍卖品，拍卖底价从几百元到几万元不等。

拍卖和画廊出价的方式相比，多了不确定性，也平添了一份趣味。如果好几个人都看好一幅画，交纳保证金入场后，就可以在底价的基础上不断竞价，每次竞价加价几百元到几千元不等，不限次数，直到没有出价为止。出价低的人遗憾出局，出价最高的人支付买价和佣金后，就可以拥有拍品了。

收藏当代艺术作品还有一个美妙之处，就是收藏者更能感受到艺术家的所思所想，与其同频共振。

有一个30多岁的上海妈妈，生完孩子后全职在家，从职场获得成就感的心理习惯突然中断，她一度找不到“方向”，就在这个特殊的时刻，她被当代艺术吸引了。她的收藏从几千元到上万元，各价位的艺术品都有。

经常有人问这个妈妈，为什么只买当代艺术品？她说：“因为活在当下，从那些作品中，我能感受到自己和艺术家在一起经历这个时代，一起成长。”

而宫津大辅也有相似的感觉：“我觉得可能有一段岁月和这个作品联系在一起，这比金钱更宝贵。我将这些画当成自己的日记或者生命的留存一直保留下来。”

三、怎样挑选第一件艺术品

收藏艺术品并不是所谓“有钱人的专利”，也可以成为一种生活方式。在家人生日，或是特殊的日子，认真选一件艺术品送给他们，是会成非常美好的记忆。

那么，如何挑选自己的第一件艺术品呢？

首先，艺术欣赏是一件非常主观的事。尽管有很多文章会从各方面给出专业的购买建议，甚至直接推荐一些被低估的当代艺术家。但是，**遵循“喜欢和心动”的原则，去购买第一件艺术品，至少是一件不会让人后悔的事。**

退一万步来说，即使画作最终没有大幅增值，但它和家里的装饰十分匹配，也让自己和家人心情愉悦。空闲之时，自己可以安安静静地尽情欣赏画作，这份幸福的感觉是金钱无法换来的。

艺术作品各有特点。如果“请回家”的话，我个人更偏爱传递生命力量或让人心情平静的作品。当画面的主题是人像、自然、抽象线条、静物、建筑时，自然和抽象线条类更能打动我。画最好有框，装裱好，不然还要花时间和精力去挑选合适的画框和装裱工艺。

当然，每个人的喜好不一样。了解自己的喜好，随“心”而动就是最好的选择。

其次，和宫津大辅等“收藏痴迷者”相比，**普通人买画主要是一种爱好，最好结合家庭开支额外留出一笔预算，以不影响家庭生活为宜。**定出预算还有一个好处是，在“有限的价格区间”内，反倒更容易做出选择，挑出自己喜欢的画作。

比如预算在 5 万元以内，除了新生代艺术家的作品，也有可能买到当代知名艺术家的作品。

如果你很喜欢知名艺术家的原作，又无力负担昂贵的价格，可以考虑丝网版画，在某种程度上也可以满足“粉丝”愿望。知名艺术家的作品还有可能是装置、雕塑、影像等。

总之，不管是收藏画作，还是收藏手办、玩偶，或是瓷器、玉器等，收藏是以“藏”为基础，愈经历岁月，愈有价值。

与购买股票、基金等比，艺术品不仅起到分散风险的作用，还兼具审美价值和收藏价值。付出金钱购买艺术品的感受往往是多元的，它包含了美的享受带来的幸福感，以及支持艺术家，尤其是青年艺术家的自豪感，还有画作增值带来的成就感，这些都是非常独特的体验。

第五章

女人巧买保险，将风险挡在家门外

买保险就像是在雨天打一把伞，即使大雨滂沱，始终能给自己和家人一方安然之地。

很多人都知道这把伞的重要性，可是到底如何为自己、配偶、孩子、父母分别准备一把对的伞呢？

第一节　如何为自己和配偶、孩子、父母买对保险

一、如何为自己和配偶买保险

我多年前的领导是一个保险精算师，他给我的第一条建议就是，给家庭买保险时，先要给自己和配偶准备好保险。

这就像飞机遇到特殊情况时，氧气罩会脱落。只有自己先戴好氧气罩，才可以帮助其他人戴好。因为人在缺氧情况下只能维持短时间的意识，之后就会晕厥。照顾好自己，才有能力照顾好家人。

重疾险、医疗险、寿险和意外险被称为家庭保障的“四大金刚”，可以根据需要配置。通常，在自己和配偶之间，承担收入责任更大的一方，保额可以相对高一点，保障品种更充分一些。

重疾险主要是保障被保人生大病期间，家庭收入能得到弥补。因为重疾不能上班，收入减少的同时，生病期间的家庭开支还会变多，比如增加护工费、营养费等。这个时候，如果有30

万元到 50 万元的重疾险赔付，就能继续维持家庭的运转，让病人安心投入疾病的治疗。

重疾险通常分为两种：终身重疾险和定期重疾险。终身重疾险的好处是可保障一生，毕竟重大疾病在 70 岁以后的发生率也更高。

终身重疾险要比定期重疾险的保费高一些。如果你觉得终身重疾险保费超出预算，可以先买定期重疾险，如保障到 70 岁。或者买保额少一点的，保费也相对便宜。等到手中预算充足了，再增加保险年限或保额。

年轻时购买重疾险，保费要便宜不少。随着年龄的增长，购买重疾险的保费也会相应增加。

医疗险主要是用来支付生病期间额外的医疗费用。发生疾病后，治疗费用可能比较昂贵，而且进口药、新药、高价药及部分诊疗项目并不在社保报销的范围内。

这个时候，医疗险就派上用场了。一年支出相对不多的保费，就可以买到高至上百万保额的医疗险，而且不限医保用药，可以覆盖医药费、治疗费、手术费等，是非常适合多数家庭的选择。

医疗险有效期一般是一年，每年都需要重新购买，保费会随着年龄变化调整，且不保证长期续保。

选择医疗险时，最好挑选一款续保条件比较好的。因为大部分疾病都是从轻微小病开始的，一旦体检的时候查出指标异常，下一年度购买医疗险的时候就需要提交健康告知。如果续保的要求很严苛，就会因个人身体情况变化而被拒绝续保或者单独调整保费。

再就是要重点关注医疗险的实用责任，比如外购药报销、就医绿色通道等，而不是可有可无的增值服务。

寿险是为家里人准备的保障。寿险分为定期寿险和终身寿险两种。定期寿险只保障一段时间，比如 10 年、20 年，或至 60 岁。其实 60 岁前死亡发生率并不高，所以每年支出上千元左右保费，就可能获得上百万的保额。

终身寿险价格要贵不少，除了保障终身外，主要用在财富传承等方面。

如何确定寿险保额是咨询者经常会问到的问题。有一个比较简单的方法，只需将家庭 5 年至 10 年的基本生活开销、个人或家庭债务，以及父母养老支出的费用加总起来，便可得到粗略估算的寿险保额。

比如一个家庭 10 年的基本生活开销为 150 万元，房贷 200 万元，父母养老支出大约需要 100 万元。加总后，这个家庭的寿险保额约为 450 万元。

意外险可作为寿险的补充，几百元一年的保费，就能撬动几十万元甚至上百万元保额，极具性价比。尤其是对于经常出门在外的人来说，意外险必不可少，一般保额在 30 万元至 200 万元都属于合理范畴。

而根据保险业统计，所有意外事故理赔中，交通意外约占 50%。你可以根据自己的出行习惯选购各种理赔“交通意外伤害”责任的保险。若家中有车，自驾车意外责任的保险必不可少。

导致公共交通意外的交通工具很多，除了最常乘坐的公交车、长途车和地铁，也包括网约车和出租车。如果出差较多，还可以加上飞机和高铁。

家庭收入责任更大的一方尤其需要优先配置好重疾险和寿险。

提醒一下，家庭保障的“四大金刚”，重疾险、医疗险、寿险和意外险主要是用来保障“人”，还有保障“物”的车险、财产险等，家庭也可根据需要适当配置。

二、如何为孩子买保险

父母配置好保险后，接下来要考虑的是如何为孩子配置保险。

以上海为例，孩子们参加城乡居民基本医疗保险，也就是常说的“少儿学生医保”。

2021 年，上海中小学学生每人年缴纳 180 元，国家补贴一部分。城乡居民基本医疗保险的保障时间以自然年为一个年度。

除了“少儿学生医保”，孩子还可参与少儿住院互助基金。互助基金是由上海市红十字会、上海市教育委员会、上海市卫生健康委员会共同建立的公益性、非营利性医疗保障互助基金，主要报销住院费用。

互助基金每人每学年累计最高支付为 10 万元；大病患儿住院和专科门诊累计最高支付为 20 万元；罕见病特异性药物累计最高支付为 10 万元。同时患大病和罕见病的，累计最高支付为 20 万元。

2022 学年，少儿住院互助基金的费用是，0~5 周岁孩子每人缴纳 150 元，6~18 周岁少儿每人缴纳 130 元。具体的年龄段划分以 8 月 31 日为界。

少儿住院互助基金从当年 9 月 1 日至次年 8 月 31 日为一个保障年度。

以少儿医保和少儿住院互助基金为基础，可以酌情补充商业保险，为孩子建立一个从出生到成年的基础保障框架。

为孩子配置商业保险时，可以依次考虑意外险、医疗险、重疾险。

孩子天性活泼好动，小意外比较多，比如玩耍打闹或交通事故导致的伤病等。因此，对孩子来说，意外险是必要的基础保障。

意外险包含三大基本责任：意外医疗、意外伤残和意外身故。这三项责任是一款意外险的基本责任，缺一不可。

意外医疗是意外险中最实用的一项责任，而且是采用报销制。意外医疗的保额可以定得高一些，且最好包含社保外用药。

配置意外险后，如果要给孩子购买医疗险，重点要关注两方面：

第一，续保条件。应注意保证续保的年限，选择健康告知宽松，尤其续保时无须重新审核健康告知，不计较理赔历史的。

第二，免赔额。免赔额是指，保险人不负责赔偿的额度。比如 5 万元的医疗费用，医保报了 2 万元，余下 3 万元需要自费，扣掉 1 万元免赔额，保险公司赔 2 万元。

目前市场上百万医疗险大都设置了不等的免赔额。也有一些保险公司推出零免赔的百万医疗险。通常来说，免赔额越低越好，等待期越短越好。

不过，有些零免赔的百万医疗险虽然报销门槛低，但价格贵，不保证续保。所以，给孩子购买医疗险时，最好结合续保条件、保费、具体保障等综合考虑。

为孩子配置重疾险，主要是希望弥补可能的收入损失。孩子虽然没有收入，但是家长至少有一方需要专门照顾孩子，收入很有可能受到影响。为孩子购买的重疾险正好可以弥补收入损失，还可以作为孩子后续的康复费用。

三、如何为父母买保险

接下来再来看如何为父母配置保险。常常有咨询者问，父母到了退休年龄，或已经退休了，是不是就买不了保险了呢？其实，随着百岁时代的到来，很多保险产品的投保年龄也越来越宽松。就算五六十岁，现在看来也就是初老阶段。

为父母买保险，重点还是看他们的身体状况。疾病、意外是父母面临的两大风险。重疾险的投保要求比较严格，如果为父母购买重疾险，可能保费会很高，或者已经过了能买保险的年龄，因此可以主要考虑医疗险和意外险。

对退休后的父母来说，社保中的医保是最基本的保障，不过医保报销有局限性，不能 100% 报销，而且一般有限额。

如果父母没有慢性疾病，可以购买普通的医疗险。购买医疗险有两种情况：有医保和无医保。用医保身份参保，保费会比无医保身份参保低很多。

一般来说，在有医保的情况下，住院医疗费用先经医保报销，剩余应赔费用按 100% 报销。如果投保人无医保，那么保险公司就需要多承担原先医保可报销的医疗费。

另外，医疗保险通常不要重复投保。

如果父母已经不满足购买普通医疗险的条件，一般选择防癌医疗险。防癌医疗险健康告知较宽松。防癌险的保障责任比较简单，赔偿标准也非常明确，即治疗癌症的相关支出。如果没有特别看重的保险责任，选择相对便宜的即可。

如果身体情况既不能投保医疗险，也不能投保防癌医疗险，可以考虑所在城市的惠民保。惠民保通常没有健康告知，不限年龄，就算以往有慢性疾病或重大疾病也可以根据比例报销。

以 2021 年上海推出的“沪惠保”为例。沪惠保的特定住院自费医疗费用免赔额是 2 万元，是指医保报销后，自己支付金额超过 2 万元的部分可以获得赔偿。沪惠保的住院自费医疗费用最高可报销 100 万元。

截至 2021 年底，几十个城市推出了 100 余款惠民保产品。由于惠民保是由地方政府牵头，各个商业保险公司实际运作，同一个城市可能会有多款惠民保产品，价格和标准都不太一样。为父母购买时，根据需求购买其中一个即可。要补充的是，惠民保仍在发展过程中。

除了医疗险，还推荐为父母配备一份意外险。2021 年，我的母亲外出游玩时不小心摔伤半月板，住院治疗花了 1 万多元。幸好出行前买了意外险，除了社保报销的一部分，其他大部分都由保险公司理赔支付。

和骨科大夫聊起病情时，他说老年人手脚不灵活，摔伤、骨折是较常见的事情。所以，最好给父母选择一份意外险，保费也便宜，每年几百元，就能得到很全面的保障。

在选配意外险时，最好可以包含较高概率的摔伤、骨折等意外的医疗和住院津贴保障，选择不限社保用药、免赔额较低的。

保险是家庭抵抗风险必不可少的工具。每个家庭的情况都不一样，建议和值得信任的专业人士多沟通后，再做判断。只有为自己和配偶、孩子、父母买对保险，才能真正实现用保险转移风险的目的。

▼ 第二节　手中有“粮”：女人如何用保险规划养老

2021 年 12 月，国家统计局发布的统计数据显示，女性平均预期寿命突破 80 岁。假如女人的寿命比男人多至少 5 年，意味着女人要独自多承担近 5 年的生活费用。如果一年的生活和医疗费用是 15 万元，算下来要多承担约 75 万元。

而女人因为照顾家庭，工作时间可能要少于伴侣。再加上工资原因，部分女性的退休金可能只有男性的四分之一。

赚的比想象的少，花的比想象的多。这使得女人在养老方面更容易产生焦虑。

一、养老必备的保险：社会保险

其实，与其整天担心，不如现在开始制订养老计划最实际。

社保的养老金是女性退休后的保底收入，最好购买。

基本养老保险一般分为两种：一种是城镇职工养老保险，面向企业员工、灵活就业人员等；另一种是城乡居民养老保险，面向非职工类的人员等。

不管是缴纳城镇职工养老保险，还是城乡居民养老保险，个人通常要缴纳满 15 年，退休时就可以领取养老金。而且，国家近几年每年都会涨一次养老金。

缴满 15 年后，还要不要继续缴纳呢？社保的规则是“多缴多得”“长缴多得”，缴费基数越高、缴费年限越长，退休待遇水平就相对高。北京规定，累计缴纳医保男性满 25 年、女性满 20 年，退休后才能享受退休人员医保待遇。所以，社保缴纳的时间尽可能长一些。

二、社保之外，如何为品质老年生活准备养老金

随着人口老龄化加剧，社保养老金可能只能支付老年的基础生活费用。按照有关统计，养老金替代率达到 70%，才能保证比较有品质的老年生活。也就是说，退休后每个月有工作时候 70% 的收入，生活质量才不会下滑。

目前社保养老金替代率只有 40%~50%。所以，另外的部分就需要自己提早规划准备。

三、养老年金险，你选对了吗

如果你觉得自己缺乏投资经验，不想承担本金损失的风险，又希望有更充足的养老费用，可以考虑购买年金险。

年金险通常是指投保人一次性或分几年投入一定的资金，到退休的时候开始领钱。它和社保的养老金比较像，只要活着就可以一直领取。就算“年龄通胀”，你能活到 100 岁，也无须担心没钱养老。

你可能会疑惑，为什么购买了年金险，保险公司就会支付收益呢？这是因为保险公司收到保费后，会交给保险公司的资产管理公司来长期运作、投资，赚取收益后再和投保人分享。

购买年金险时，有几个小建议：

1. 尽量购买专项年金产品

年金险分为三种：纯年金险、分红型年金险和万能型年金险。

如果年金险产品设计得很复杂，可能里面就有很多需要注意的地方。纯年金险属于专项年金产品，清晰明了，收益确定。你交多少钱、领取时能领多少钱、具体领取的时间等都是确定的，并且写入合同。

分红型年金收益相当于纯年金险收益加分红利益。分红利益是不确定的，有可能高，也有可能为零。

万能型年金的收益相当于纯年金险收益加万能账户收益。它的特点在于，收益会被转入一个有保底，但利率不确定的账户里二次增值，从而进一步提高收益。

2. 费用和期限相同时，可以看哪一款年金险产品收益更高

由于每一款产品的年金返还年限、金额不同，很难直观地看出内在收益。这时候可以算一算不同年金险产品的 IRR（内部收益率），也就是年金保险减去各种成本和管理费用后的真实回报率。如果有兴趣，你也可以自己建立 Excel 电子表格。

目前国内保险公司推出的不错的年金险 IRR 在 3.5% 左右。年金险 IRR 越高的产品，收益越高。

3. 购买年金险后，记得按时缴费

一旦投入了年金险，最好坚持每年按时缴费，不要中途停止，一旦发生退保，会造成金钱的损失。

年金险的收益与投资相比，并没有很突出的优势。不过，年金险最大的优点是强制储蓄。相当于在不影响平时生活质量的前提下，为自己强制存下一笔钱。久而久之，在复利的影响下，就能积累一笔可观的财富。

年金险还有一个好处是专款专用。养老年金只能一年领一次或者每月领取，什么时间开始领、每年领取多少，都写在合同里。但是这份“不自由”，可以规避掉错误投资、花钱随性、借钱不当等风险。

四、增额终身寿险是寿险还是年金险

除了购买年金险，还有家庭会购买增额终身寿险。

增额终身寿险虽然是一份保身故的寿险，但因为具备保额递增、现金价值较高、资金取用灵活等特点，大多数人用这款产品做理财规划，为孩子和家庭准备一笔钱，而非用于身故保障。

年金险和增额终身寿险的不同在于：

第一，支取方式不同

配置年金险，就像你在参加越野跑比赛时，提前为自己在每个补给点准备好额外的水、食物等，直到你跑完全程。投入年金险的资金一般不能随意取出。

配置增额终身寿险后，如果因为突发情况需要用钱，可以通过减保或保单贷款来实现资金的自由支取。如同你参加比赛时，随身带着一大桶水，可以随时喝，也可以用来应急。但随时可以喝，也意味着你很容易就将水喝光。

第二，现金价值不同

现金价值是指退保或减保时能拿到的钱。

一般要在缴费期满后，年金险的现金价值才快速上升。

增额终身寿险前期现金价值比较高，缴费期满后基本能回本。另外，增额终身寿险，除了有寿险的保障外，保额还能按固定利率持续增长，目前在3%至3.6%之间。

如果你的重疾险、意外险等基础保障已经配置完备，可以用保险做养老规划，比如将年金险作为首选，增额终身寿险作为辅助。

五、年金险对接哪些养老社区

缴纳年金险还有一个好处，可以对接养老社区。

这几年，很多保险公司都在建养老社区。入住保险公司兴建的养老社区有两种方式。

第一种方式：保险对接

缴纳一定数额的保费后，保险客户在未来入住权上有保证和优先待遇。

如果你希望入住一些保险公司对接的高端养老社区，按10年缴费算，可能每年要准备20万元或者15万元保费支出。

拥有入住资格后，根据入住房型、入住人数不同，高端养老社区居住者每月缴纳 1 万元至 2 万元不等的月费后，可享受多样化的养老服务。

第二种方式：直接入住

有一些保险公司推出了普惠型养老社区，缴纳几万元至几十万元押金，即可入住。入住后按月支付房费和餐费。由于门槛低，房间资源可能紧张，很难订到。

随着养老人群的增加，未来应该会有更多适合不同消费水平、多种多样的养老社区投入运营，为老人提供专业、便利、个性化的服务。

养老有很多种方式，社保养老金给了每个人安度晚年的最有力保障。在有余力的情况下，可以考虑年金险、增额终身寿险等，或是其他的投资方式，又或是一直从事自己喜欢的事情获得额外收入，这些都会减轻养老准备的压力。

总之，对养老多做了解，尽力准备，保持健康，但是无须过分忧虑，或者以牺牲当下的生活为代价。

▼ 第三节　别踩坑！选保险容易忽视的八个问题

市面上的保险产品种类繁多，很多咨询者花时间对比各个产品优缺点时，常常忽略了一些看上去微小实则重要的问题。这些问题处理不好，轻则埋下隐患，重则甚至会使保单作废，给自己和家人造成严重损失。

结合以往的咨询案例和切身体会，我梳理了买保险时最容易忽视的八个问题，以及具体如何做才能避免踩坑，供你参考。

买保险前：

（1）为什么说选择好的保险顾问，比选择好的产品还重要？

（2）到底应该拿多少钱来买保险？

（3）买多少份保险才足够？

买保险时：

（4）买短期险还是长期险？

（5）理财险值得买吗？

（6）如何正确填写受益人？

买保险后：

（7）如何理赔和投诉？

（8）家人不知道保单情况，保单全部作废吗？

一、第一个问题：为什么说选择好的保险顾问比选择好的产品重要

买保险时人们常常注重产品质量，往往忽略了保险顾问其实是非常关键的一个角色。

为什么说选择一个靠谱、长久的保险顾问非常重要呢？

1. 保险需要长期、安全的售后服务

购买保险后不是服务的结束，而是服务的开始。

保险公司经常会有各类资讯更新。投保人及时知晓保险公司动态，可以更好行使保险权利。

2. 保险往往会陪伴自己的一生，要找为人真诚、值得信任的保险顾问

找保险顾问就像找朋友一样。要是保险顾问为人不值得信任，会带来很大的隐患。2021 年，香港一个 45 岁的女艺人投诉银行理财经理虚报她们的流动资金，为她和母亲在一年半时间内，总共买入六份保单。而她们根本付不起高昂的保险费，可是如果不缴的话，之前付的钱就要打水漂。

除了和自己接触的保险顾问，家人尤其是父母的保险顾问，更要多观察，多了解其专业度和品格。

对于父母甚至更年长的人群来说，可能本身并不具备专业的

知识去鉴别产品，而且也正是因为自己的不懂，极易受到销售人员或者身边朋友对产品的“过度介绍”，从而导致稀里糊涂买了并不适合自己的产品。

3. 不管投保人做多少准备，都有“知识盲区”，这时候保险顾问的专业性就非常重要了

买保险时，可以问自己的保险顾问：

——条款能帮我解读一下吗？

——为什么我需要这款产品？

——为什么这类产品你们家的最好？

——能比较一下不同产品吗？

——为什么要保终身？

——为什么这个附加险值得购买？

……

通过保险顾问回答问题的情况，可以判断其专业性。如果保险顾问能用通俗易懂的表达拆解复杂的保险计划，就再好不过了。

二、第二个问题：到底该拿多少钱来买保险

投资保险，需要注意三点：

1. 要评估自己家庭的抗风险能力

年入 10 万元的公务员和年入 10 万元的自由职业者，保费预算肯定不一样。同样收入水平，每月要还 1 万元房贷和没房贷的人，保费预算也不一样。

2. 要衡量自己接下来几十年的持续缴费能力

像重疾险的缴费年限可能长达 20 年至 30 年。如果中途断缴，将得不偿失。

3. 保额并不是越高越好

买保险，一定是建立在不影响家庭正常生活的前提下，不要超出自己能承受的支出范围。如果一味追求高保额，不但没有分担风险，反而给日常生活带来压力。

购买重疾险、医疗险、寿险、意外险等保障型保险时，可以算一算每年家庭的收入减去支出得到的年结余。一般控制在年结余的 10% 至 15% 的范围来买保障型的保险比较合适。

买保险最重要的是最大化的保障。用有限的保费预算尽可能地转移家庭风险，才是最需要仔细考虑的。

三、第三个问题：多少份保险才够

有一个全职太太买了很多份保险，全部都是分红险、投连险等理财型保险。而先生经常要独自开车去外地做生意，有时候还要飞国外。

可是这个太太连一份基础的保障型保险，如意外险，都没有购买。她花了 400 万元保险费，换来的保障不足 600 万元。

而另一个家庭刚好相反，夫妻两人将近 50 岁了，住的地方离公司很近，平时不开车，也没有旅游的习惯。但是两人买了很多意外险，觉得这样能撬动几百万元的大保额，非常划算。可是从两人的生活方式来看，意外并不是其首要的风险。

所以在回答买多少份保险才够的问题之前，首先要买对保险，否则买得虽多，却没有享受到保险应该带给自己和家人的庇护。

而且买保险不是一蹴而就的，随着收入的增长和家庭情况的变化，还可以调整和追加保单。

四、第四个问题：选择短期险还是长期险

咨询者小兰有一个疑惑，为什么两款都是保障重大疾病的保险产品，价格相差却很大。比如，都是 50 万元保额，有些产品一年要交好几千元，有些产品一年只需要交一千元，甚至几百元。

同种保障类产品价格差异如此之大，首先是因为产品保障的期限不同。比如，保障终身的重大疾病险、寿险，为长期保险；只保障一年的意外险、医疗险、重疾险，为短期保险。

长期保险和短期保险是互补关系，长期险对投保人是庇护的作用，短期险则是补充。

年轻时，如果经济条件许可，可以购买一份长期险作为“主力保障”。比如，长期重疾险连续缴费 10~30 年，可以保障到 80 周岁以上或终身。虽然保费略高，但从长期的性价比看，能更好减小年龄和收入波动的风险。

如果收入少、负债多，可以先购买一些低保费、高保额的短期险，如购买消费型保险来完成“阶段性补充”，防御中年时可能面临的失业冲击等。

意外险选购短期险就好。不管是 20 岁买还是 40 岁买，意外险价格基本都一样，而且大部分意外险没有等待期，当天买第二天就可以生效，所以可以放心挑选一年期的意外险。

医疗险基本都是一年期的短期保险。部分一年期医疗险可能承诺 3 年至 6 年的保证续保。实际购买时，最好仔细理解保证续保的条件。有些续保条款是建立在产品不停售，或身体健康状况不改变的前提下。

不论保险公司如何承诺续保，短期医疗险都有无法续保的风险。所以对于医疗险，一定看清楚条款，尤其是续保条件的免责条款，再进行选择。

五、第五个问题：理财险值得买吗

理财型保险的本质是理财产品。各种各样的理财型保险都由三个基本要素组成：年金、分红、万能账户。

年金是指固定的支付金额，常常按年支付，少数按季或者按月支付。年金的名字五花八门，有可能叫生存金、养老金、教育金、祝寿金等名称。只要是每年返回固定的金额，实际上都是年金。

分红是指年金以外的收入。分红分享的，是你所购买的保险产品的投资收益，同时要扣除各种税、营运成本、保险顾问佣金等，最后剩下的才是可分配盈余。通常每一款分红型保险合同里面都会写着“红利不保证”“某些年份红利可能为零”。

万能账户是对年金和分红的再投资。有的保险产品，如果你不领取年金和红利，这些钱就进入万能账户，累积复利再增值。反之，如果你想按期领取年金红利，就不能享受万能账户的收益。

万能账户的收益是不确定的，一般只有保底利率 1.75%~3%。

除此之外，还有一种特殊的理财型保险：投资连结险，简称投连险。投连险有保障功能，但是保障效果较弱。保险公司收到保费后，按照事先约定，将保费的大部分用来在股市、债券、货币市场投资。

投连险与基金类似，不保证收益率，风险由投保人自己承担。投连险是长期投资，不能随时提取，提前退保需要支付较高退保费。

增额终身寿险也是一种理财型保险。有很多人感到疑惑，定期寿险是保障型保险，为什么终身寿险却是理财型保险。

定期寿险的作用主要是预防意外，如果被保险人在约定期限内严重残疾或者身故，则保险公司会支付保险金。如果保险期满后，被保险人仍健在，则保险合同自然终止。

终身寿险合同订立后，被保险人无论何时身故，保险公司都应给付保险金，这就是“终身”的意思。增额终身寿险也属于寿险，身故后可以得到赔付，其保额会根据合同约定的利率每年递增。此外，如果临时需要用钱，可以选择减保，从增额终身寿险领取部分现金出来。

六、第六个问题：如何正确填写受益人

受益人有生存受益人和身故受益人之分。

生存受益人是指受益的是被保险人，像重疾险的理赔金、意外险的医疗报销和住院津贴、理财类保险的返还等都是给被保险人的。

身故受益人是指被保险人身故后有权利领取理赔款的人，比如领取意外险、寿险或者带寿险责任的重疾险的身故理赔的人。

指定受益人很重要，因为按照《中华人民共和国保险法》《中华人民共和国民法典》等法律规定，未指定受益人或受益人指定不明，理赔的保险金要作为遗产处理，需优先用于偿还被保险人的债务，如果有剩余的才能给予法定继承人。如果指定了受益人，发生理赔时，保险金将直接赔付给指定受益人，而不用考虑被保险人的债务问题。

比如说，如果你有房贷，继承人是“法定”的话，保险金是优先偿还了房贷，再给受益人的。假如你的房贷比你的保险金还多，实际上你的受益人什么都得不到。

受益人可以是一人或多人。多人受益顺序可以是并列，也可以有优先，如配偶优先，其次是子女。受益份额可以是等份，也

可以不等，如配偶 70%、子女 30%。

七、第七个问题：如何理赔和投诉

一旦出险，每个人都希望能顺利理赔。申请理赔，最好在事故发生之后的 7~10 天之内，拨打保险公司的客服热线，准备好必要的理赔资料，比如诊断证明之类，保存好所有单据。

中国银保监会消费者权益保护局每个季度都会公布上一个季度各保险公司的投诉率，从这个投诉率数据中，可以清楚地知道，哪家保险公司被投诉次数多，哪家保险公司被投诉次数少。

有投诉时，可拨打银保监会的 12378 热线，或者在银保监会官网上找到派出机构，选择保险公司所在地的城市，找到当地监管局的相关联系方式。

八、第八个问题：家人不知道保单情况，有什么风险

给自己买了保险后万一遇到事故，家人又不知道，意味着这个保险很有可能白买了。

为什么会发生这种情况呢？

根据保险公司理赔规定，要得到理赔需满足两个条件：一是发生事故后向保险公司报案，保险公司才能知道被保险人出险；二是受益人向保险公司提交理赔申请，经保险公司审核通过后才

能获得赔付。

如果家人不知道保单存在，就没法报案，以及提交理赔申请，保险公司也不会主动理赔。

另外，有时候一些保单是随手在网上购买的，可能自己也会忘记。所以，最好把电子保单打印出来，和纸质保单放在同一个文件袋里。比如，买的是国内保单的话，可以关注保险行业协会创建的“中国保险万事通”公众号，查到自己的保单情况。将保单明细截图后，打印出来，也放进文件夹里。

也可以用表格做一份保单清单，注明保单号、投保公司、保险责任、保额、保费、缴费时间、缴费银行卡等。这份保险清单，最好和电子保单打印件、纸质保单和合同放在一个文件袋里，平时和家里有价值物品放在一起，方便查找。

第六章

在婚姻中好好投资理财

“要在婚姻这个利益共同体内，对‘爱’这个标的做长期投资，这个投资是可以带来复利增长的。因为爱是一个反复互动的动态过程，而在这个动态过程中存在着正反馈回路。”

第一节 如何建立信任，让伴侣在投资过程中成为“搭档”

婚姻是从“我”到“我们”的演变。

婚前投资是“单打独斗”，婚后投资是“两人合作”，这是两种不同的存在状态。

一、“两人合作”投资，力量更大

“单打独斗”投资，自由、洒脱。投的都是自己的钱，结果自己满意就好。万一投资出现亏损，自身承担，无须向任何人解释。

“两人合作”投资，责任更大。不管婚后两个人各花各的，还是把钱合在一起，于情于理，婚后投资的钱原则上都是夫妻双方的共同财产。投资盈亏共担，风险同享。

“两人合作”投资，彼此信任，相互合作，才能形成投资一加一大于二的效果。

就像《爱的复利》中说：“要在婚姻这个利益共同体内，对

‘爱’这个标的做长期投资，这个投资是可以带来复利增长的。因为爱是一个反复互动的动态过程，而在这个动态过程中存在着正反馈回路。”

第一，好的“两人合作”投资让家庭财富增长更稳健

有的家庭，先生是“职业投资人”，主要负责家里的投资，业余也会花时间在自媒体平台上撰写和发布分析类文章。

太太不仅将自己的工资结余交给先生打理，还主动分担了更多的家务，使得先生有更多的时间和精力放在自己热爱的投资上。

对先生来说，太太全身心的支持使他备受鼓舞，责任感也随之增加，投资风格更偏向稳健。

第二，好的“两人合作”投资让家庭获得对抗风险的能力

有的家庭，一方不巧因为行业动荡失业了，如果照常承担家庭的部分开支，就要动用股市里的资金。但是当时股市低迷，如果立即赎回，得不偿失。

这时候另一方主动承担了家里的所有开支，支持对方继续坚守。两年后，股市上涨，为家庭带来了正向收益。

难怪有人说，婚姻是“风险的对冲”。

第三，好的“两人合作”投资能够提高家庭的投资效率

有的家庭，一方对投资房产、基金比较感兴趣；另一方更喜欢股市投资，花大量的时间看财报、研究行业。

投资研究是一件很花时间的事。在做好资金分配的前提下，两个人决定一起努力，各自钻研一个或几个投资领域，这要比一个人更高效。

“两人合作”投资并没有一个固定模式，可以根据你和伴侣为投资花费的时间、主观愿望等，选择不同的合作方式。

在一段互益的“两人合作”中，不仅情感相互滋养，还能共同创造财富、享受财富。

二、信任与否是“两人投资”成败的关键

两人就像是一个创业团队，白手起家，共创一个未来。

一个天使投资人说，他投资了 100 多家早期团队后发现，创始人之间的不信任导致问题出现是最大的风险，也是最致命、最难以弥补的。

“两人合作”投资，要想发挥出最大威力，信任是核心纽带，是能力发挥的基础。

有咨询者抱怨，自己为家庭牺牲了很多，但先生却不以为意，从不站在她的角度考虑问题。而先生表示，一直以来妻子都不体谅他作为家中经济支柱所承担的压力，以及投资中的心态起伏，总是翻“藏私房钱”的旧账，质疑他把钱用在了别处，让他有苦难言。

怀疑是婚姻的敌人。怀疑了就会过度控制，过度控制会导致财务不信任，这又会破坏婚姻中最珍贵的信任感，形成一系列恶性循环。

然而，婚姻不是一个人的战斗。相互信任、彼此尊重才能解决婚姻中的现实问题。

三、如何建立婚姻中的投资信任

具体要怎么去建立婚姻中的投资信任呢？

第一，不论谁主导投资或是各管一块，家里账目公开透明，让双方心里有底

婚姻中，两个人最好都知道家庭一年收入多少、花了多少、存下多少，以及家庭有多少资产、多少负债。

如果一方没有收入，创造收入的一方可以每个月将固定的一笔钱转到“家庭账户”中。两个人可以各自有自由支配的额度，彼此不干涉如何使用。

万一家庭碰到收入瓶颈，两个人可以一起共同面对财务现状，商量如何去处理和应对，重建收入来源，一起前进而不是停滞不前。

第二，建立家庭的共同目标，齐心追梦

一个咨询者说，和伴侣一起讨论梦想是很棒的一件事，这样不只会增加存款，使财富有更多的可能性，也会让亲密关系的情感账户余额增加。

她和先生的家庭梦想是“提前退休”。多年来，两个人努力赚钱，每年各自将收入的 20% 或 30% 存进家庭梦想账户中，而这笔钱一直是以大额存单的形式滚存。赚钱之余，两人一边简化生活，一边计算着与退休的距离，生活过得有滋有味。

我们的梦想可能是买房或换个新房子，或者想从事一项新工作。无论梦想是什么，如果伴侣也理解和支持你的梦想，更能彼此体谅，共同创富。

第三，亲密关系中，想要幸福多沟通

有咨询者抱怨，另一半看到股票跌了或是涨了，就批判自己的选择，一点都不理解和信任自己。其实这真的很正常，人的天性是“厌恶损失”的，当不明确有正面价值的时候，离可能的风险自然是越远越好。

婚姻中的双方有自己思考和处理金钱的方式，这与性别、生长环境、性格、职业、爱好等因素有关，也与两人的沟通和相处方式有关。

两个人平时多花时间沟通，可以促进彼此了解，减少摩擦。比如，多同对方聊一聊自己对投资的看法和决策，毕竟个人的决定关系着全家的财富命运。

也可以探讨一下伴侣的焦虑，探讨为了帮助对方获得安全感，需不需要彼此做出一些改变。还可以为家庭设立一个“亏损底线”，万一投资失败代价不会太大。如果投资长年亏损，也容易影响夫妻之间的信任感。

第四，在婚姻中共同学习投资和成长

有一个聪明的太太，她的先生不喜欢看书，和他沟通如何打理家庭资产的时候，也很少回应。有几次长途旅行的时候，她把理财电子书的音频下载下来，“强行”在车里播放，这样先生不听也得听了。事后证明这个方法不错，先生对理财的兴趣明显提高了。

这个太太平时自己也很注重各种理财知识的学习，经常写理财日记。她常说，无论是你的父母、伴侣还是孩子，你并不需要努力去说服对方。有时候你越想说服，对方越背道而驰。你只有改变自己，才能改变身边的人，你只有自己做到，才会不知不觉地影响其他人。

从婚前独立投资到婚后成为“投资搭档”，两个人不只在经营资产，追求财富回报，也是在努力经营健康、长久的亲密关系，探索生活的可能性，而这取决于双方对彼此的尊重、信任、付出，共同努力和成长。

▼ 第二节　如何应对投资冲突，找到“共享现实”

心理学家卡伦·霍妮曾说：“想要让自己的内心获得更多的自由以及更强大的力量，就必须要在遭遇冲突时，拿出勇气去面对它，同时尽量去寻找解决办法。勇气越大，自由和力量来得越快。”

人无法孤立地存在于现实社会之中，这就注定了人的世界之中充满了冲突，观念和观念之间、男人和女人之间、现在和未来之间……到处都有发生冲突的可能性。

而婚姻中，一些冲突和金钱有关。当一方发现另一方已经或即将做出与自己利益不相符的行动时，就会产生冲突。

碰到冲突，通常会出现两种情况。

一种是"火星撞金星式"冲突，双方都不让，吵翻或冷战。

争吵当中，一方最想要做的是说服和改变另一方，证明自己是对的，对方要认可自己说的。"火星撞金星式"冲突会使矛盾升级，事情变得更糟。

另一种是"自我退让式"冲突，一方说："算了，让着你吧！"

为了避免夫妻间摩擦和冲突，碰到了生活上的分歧，有的人就算不高兴，也会委曲求全、默不作声。还有的人选择大吵，发完脾气后，最后也会顺着对方。

婚姻必定承载着包容、妥协和责任感。但是，顺从、压制自己的想法，或许会导致家庭形成一种服从关系。这种服从并没有真正解决婚姻中的问题，只是在回避冲突。不管是强势的一方，还是隐忍的一方，最终都有可能受伤。

一、你眼里还有没有我

一名咨询者给我讲了一件事。

在家里，她和先生对钱怎么花想法不一致，经常争吵。最近又大吵了一架，起因是她打算拿出家里积攒的200万元给大学即将毕业的儿子买房，谁知道先生背着她拿了100万元，一直在股市炒股。

老婆知道了以后说："你去炒股了！之前怎么不跟我说，你眼里还有没有我？"

老公轻描淡写地回答："以前放在银行里又没多少利息。等我再多赚些钱，到时候你拿去买个大房子。"

老婆越想越气："说得轻松，万一亏了怎么办。你心里有没有儿子？我不同意！"

老公扔下一句话："你又不懂。这钱现在肯定动不了，先这样吧。"

夫妻俩不欢而散。

这位咨询者倾诉了20多分钟，我赶紧递上一杯花茶，引导性地问她："你最生气的是什么？是老公没告诉你炒股的事，还是他不肯现在就买房子？"

她说："这好像差不多吧。"

我帮她分析，婚姻中起冲突时，往往是情绪在前，理智在后。常常吵到最后，话题都被带偏。

二、三步解决婚姻冲突

解决婚姻冲突可以分三步走。

第一步：觉察到情绪的发生，从“往坏处想变成往好处想”。让自己冷静下来，释放情绪，回到真正的问题上。

第二步：聚焦问题，真实而清晰地表达自己的立场和底线。要让对方听到，而不是猜想你真实的感受是什么、期望是什么。

第三步：针对核心问题，提供建设性建议。你给出一个有用的意见，对方可以以你的意见为基础，再进行一些调整，最终得到最适合家庭的方案。

类似“你的眼里还有没有我”“万一亏了怎么办”“你心里有没有儿子”，这些话都饱含着强烈、被戳痛的情绪。

婚姻中，对方就是自己的镜子。情绪反应下，否认对否认，攻击对攻击，冲突怎么可能不发生。

这时候，可以尝试去发现脑海中浮现的消极性想法，“他总是这样忽视自己”“他太不重视家庭”。

但这些是真的吗？其实，这些想法都是认知层面的，都是因为头脑中的某种揣测而引起的。人在冲突中容易往坏处想，这是因为现实与你所期待的不一致，或者你害怕会出现与期待不一致的结果。

找到了这些揣测和想法，就找到了情绪点，就能去觉察它。

当觉察到负面情绪冒出来时，最好用更积极的想法来代替消极的念头，往好处想，“他也想帮家里多赚钱，不想让自己太担心才没告诉自己”“他为这个家付出很多，也很疼爱儿子”。

当然，只有积极性想法是不够的。让对方明确地了解自己的感受、期待、立场和底线，是化解婚姻冲突很重要的一步。

比如：

原来："你去炒股了！你眼里还有没有我，之前怎么不跟我说？"

去掉判断，加入感受："你去炒股了！之前你没跟我说，我很郁闷。"

原来："说得轻松，万一亏了怎么办？"

去掉想法，加入感受和期待："万一亏了怎么办？我真的很担心。我希望家里存的钱首先是保障安全，其次才是变得更多。"

原来："你心里有没有儿子？我不同意！"

去掉判断，清晰表明立场和底线："我想给儿子买房，你看我们找个时间商量一下怎么样？"

《非暴力沟通》中曾说，越清楚地表明自己的期待和请求，就越有可能得到理想的回应。但是，请求不是命令，不是发号施令，不是对方一定要按自己的请求去执行。你可以主动表达你的理解，推动对方往解决问题的方向上前进。

三、理出真正的问题，找到更优答案

冲突中，最核心的一步是剥去情绪，理出真正的问题，提供有用的建议。

这位咨询者面对的真正问题是：对于家里的 200 万元存款，怎么安排比较好？

思考后，咨询者发现总共有三种选择。接下来，她列出三种方式的优劣，然后与对方探讨和商量，选出最优方式。

第一种方式，现在就全款买房

这种方式的优点是所居住的省会城市的房价还在涨，早一点买可以省一点钱。缺点是如果有收益率更高的方式，全款买房并不一定是最佳选择。

第二种方式，一半的存款买股票

优点是先生在股市有两三年的经验，综合下来年化收益率在 12%，收益较高。

缺点是股市存在风险。只有经历过一轮牛熊市循环，才算得上初级合格投资者。前两年行情正好不错，先生收益好，不排除有运气的因素。

第三种方式，所有存款存在银行里

优点是安全。缺点是银行存款收益率在 3%~4%，跑不赢通胀。对家庭财富的长期增值不利。

咨询者和先生商量后，共同做出了选择。为了家庭的资金安全考虑，投在股市的 100 万元可以分出来一半或三分之一放到其他的投资品中，以分散风险。

另外 100 万元，根据家庭实际情况留出一年的开支，20 万元放在银行里，作为安全资金。

还有 80 万元给儿子支付买房首付，虽然买房的收益率不一定比金融资产高，但是胜在稳妥，而且给儿子买房是刚性需求。首付后，每月还贷由儿子独立支付，既让他担负了责任，又不至于压力过重。

婚姻中，不同的两个人，拥有着迥异的家庭背景和经济条件，意味着各自有不一样的金钱观念、眼界、格局，也意味着可能做出完全不同的决定，从而引发冲突。

冲突发生时，可以采取“灭火式”解决方法。而更高效的解决方法是“切断火源式”,即建立“共享现实”的沟通型伴侣关系，从根源上减少此类冲突。

“共享现实”的意思是，人都是主观的，你看到你的现实，他看到他的现实。每个人看到的现实，都是按照自己的观念构建出来的。

而“共享现实”就是让婚姻中两个人看到的现在和未来，尽可能趋向一致 。

只有两个人多花时间在一起“共创愿景”，沟通清楚“家庭最重要的财富目标是什么、梦想是什么”，就更能对感情、金钱、子女、未来家庭的发展保持一致的判断和想法，极大减少冲突。

▼ 第三节　为何你总是会受伤？分手时，别让经济风险伤害自己

风险思维是指理性地认识到任何事物都可能发生风险。当风险来临时，有风险思维的人能提早预防、快速反应。没有风险思维的人，遇到事情临时抱佛脚，难免手忙脚乱。

感情好的时候谈财产和权益，彼此还能做到为对方考虑；在已经出现隔阂或即将分道扬镳时再谈，多半会互不相让。

一、尽可能让家庭资产透明

有一个咨询者说，有一次她无意中看到先生的聊天记录，发现对方新买了一套房，且登记在他姐姐的名下，而自己毫不知情。这让她非常难过，也很慌张，不知道该如何处理。

风险思维是婚姻安全的防护网。应该如何防范婚姻中的财产风险呢?

第一，了解可能出现哪些风险

财产风险是婚姻中大的风险之一。常见的财产风险包括财产转移、婚外赠与等。

第二，清楚如何防范风险

不论是谁管钱，对双方都比较好的方式是家庭的经济状况尽

可能透明化。就算没有时间做出详细的家庭资产负债表、收入支出表和投资收益表，但至少彼此清楚地知道自己和配偶所有的收入，学费、信用卡还款、医疗等支出，以及任何已知的债务。

否则，控制资产的另一方非常容易转移资产。比如，将存款、股票等，以及购买的房子登记在自己亲朋好友名下，或者登记在自己的公司名下。即使你发现了对方转移资产，也会比较被动。

在家庭的财富天平中，双方的能量尽可能均衡，家庭会更稳定。比如房产可以登记在双方名下。存款、理财产品等也不要全部集中在一个人的名下，可以分散持有。存款、股票、基金、保险产品、字画、金银首饰或其他贵重物品，最好都要保留购买票据和银行支付凭据等。

实际上，就算财政大权不在自己手中，如果丈夫遇到大事能尊重我们的意见，有商有量，也会降低风险。

第三，风险来临见招拆招

一旦婚姻出现了风险，最好不要避而不谈，而是要找到问题的症结，化解风险。

比如，对方不愿意坦诚地讨论家庭财产的问题，不一定是真的只在意那些财产，不在意夫妻情分。可能是他不喜欢你沟通时的态度，或者他怕丧失主动权；也可能觉得你对投资理财了解太少，说了还不如不说。

所以，一旦发现对方固执己见，坚决站在你的对立面，就要对症下药。或者尽快调整沟通方式，先消除误会，互相理解。又或者和对方商量如何在规划好家庭资产、让资产增值同时，也保有各自花钱的自由度，打消对方的疑虑。

无论什么方法，家是讲感情的地方，切记不要把外面那套彼此防备的策略拿来对付对方。不然，最后失去的不仅是“财政大权”，更麻烦的是埋下互不信任的种子。

二、分手时财产如何处理

分手时，面对财产安排和处理，很多女性都会显得手足无措。有时候甚至因为心力交瘁，还会选择主动放弃财产的分配。

可是女性离婚后多半会面临财产缩水、开支增加等情况。一项调查发现，离婚女性的家庭收入降幅高达 27%，甚至这种下降趋势会持续很长一段时间。

通常，在一个家庭中，夫妻双方的收入大多是有区别的，男方经济收入高于女方的情况较多。但从法律上来说，分割共同财产是在清偿债务后，依据一人一半的原则进行平均分配。婚姻中，不能因为一方没有挣钱，或者挣钱少就剥夺分割一半共同财产的权利。因为另一方操持家务，照顾孩子，也为家庭作出了很多贡献。

尤其是对于全职太太来说，离婚带来的经济损失更严重。她们可能错过了职业上升的黄金期，离婚后想要重回职场，并非易事。

婚姻中双方都是平等的，权益也平等。毕竟离婚后，自己和孩子的生活都需要基本的物质保障。

同时，女性也要冷静下来彻底梳理清楚，自己有多少收入可以支配，多少支出必须花费，接下来应该如何减少花销，并发挥所长，提高目前的收入。只有尽快做好独立的准备，才能让后期的生活有所保障。

三、离婚时，金融财产和无形资产怎么分

一旦确定离婚，财产到底怎么分割，还要具体情况具体分析。

1. 判断婚前财产还是婚后财产，看是否“主动增值”

一位咨询者和先生婚前各投入 30 万元在股市。婚后，先生精心研究，买进卖出，30 万元增值到 50 万元。她由于工作忙碌没有打理，3 年后躺在股市的 30 万元增值到了 60 万元。当两人不合决定离婚时，这笔金融资产怎么分割呢？

《中华人民共和国民法典》婚姻编规定：“夫妻一方个人财产在婚后产生的收益，除孳息和自然增值外，应认定为夫妻共同财产。”

孳息是指由原物所产生的额外收益。也就是说，这位咨询者婚后“没有人为操作”产生的主动增值 30 万元，仍属于婚前财产的范畴，无须分割。而先生对股票进行过抛售、买入等人为操作，不属于自然增值。所以先生的投资收益 20 万元，属于夫妻共同财产，需要分割。

另外，这位咨询者婚前还有20万元存款，并没有开设独立账户。婚后有钱进进出出该账户，意味着婚前20万元存款已经被混同了。那这20万元属于夫妻共同财产，离婚时也要被分割。

2. 无形资产怎么分，看是否转化为现金

分手时，除了房子、存款、股票等，还可能涉及知识产权等无形资产。

比如，对方在婚姻中取得的多项专利，或者写作的作品是否可以分割呢？

依照法律规定，知识产权的分割并不以取得时间为判断标准。智力成果只有转化为有形财产后才属于夫妻共同财产，如因转让专利获得的转让费、因发表作品取得的稿费等。没有实现其价值的财产性收益不能估价，也无法予以分割。配偶在共同生活中付出的劳动，可从其他财产中予以适当补偿和照顾。

如果一方是职业作家、职业发明家，另一方一边工作、一边照顾家庭，为保护自己的利益，不从事知识产权创造的一方可以事先约定婚姻关系存续期间所得的知识产权归夫妻共同所有或者部分各自所有、部分共同所有。

3. 保险怎么分，根据种类而定

很多人都认为，买保险可以避免离婚时财产分割。其实并不能一概而论。

按照法律规定，保险赔偿款属于个人财产，不被分割。比如重疾险、意外险等，指被保险人患病或遇到未知的意外时，会获得保险公司的理赔，这笔钱属于个人财产。

但是如果购买了年金险，或是增额终身寿险等理财险，分红属于共同财产。比如，购买增额终身寿险后，约定每隔 5 年就可以领 10 万元，上限领取 40 万元。这种分红，就属于共同财产。

如果在离婚时，保险还未到期，既没有产生分红，也没有产生赔偿，那么离婚时分割的是保单的“现金价值”，这个会在保单上有具体数目体现，每一年的现金价值都是确定的。

在婚姻中谈金钱、谈投资、谈利益，并不是什么伤感情的事。即使一段亲密关系经营得再亲密无间，也始终应该留给自己一份清醒。当这段关系真的无法继续的时候，做好充分的准备，守住本属于自己的权益。

第七章

培养高财商的孩子，聪明妈妈如何和孩子谈钱

聪明的妈妈会和孩子“谈”钱。“谈”主要是沟通。沟通是双向的，父母和孩子彼此看到、听到、有回应，让财商教育在爱中直达内心。

▼ 第一节　真正的金钱教育，用自己的人生给孩子“打样”

在父母财商讲座和一对一的咨询中，我会听到类似的困惑：

现在的孩子都不怎么用纸币或硬币了。平时付钱就刷下手机，好像手机里有用不完的钱。

如何才能让孩子知道钱来之不易呢？

孩子偷偷给游戏充值怎么办？

孩子和同学做交易，眼里只有“钱”怎么办？

……

小时候父母没教过怎么和金钱打交道，都是靠自己慢慢摸索的。就算成年后，也没有系统地学过这方面的知识。生活中，面对孩子认识和使用金钱的问题时，到底如何进行金钱教育，很多家长都有困惑。

其实，金钱教育最好的方式，就是用自己的行为给孩子“打样”。往往父母怎么对待金钱的，孩子也会怎么做，就像照镜子一样。

一、给孩子“打样”之一：花钱有度

金钱教育中常出现的误区是父母“拿”一个正确的观念塞给孩子，比如“你不要大手大脚花钱”，但是父母自己却不按此行事。

有一个咨询者，每次压力太大时，就以花钱的方式去解压。除了给自己，她还喜欢给女儿买各种公主裙。

女儿很喜欢买各种玩具。有些买回家玩一两次就不喜欢了，扔在一边。等到出新款了，再要求妈妈买新的。妈妈觉得很奇怪：为什么我讲了这么多道理，让她不要乱花钱，孩子却不照着做呢？是我的方法不对吗？

孩子的金钱观大约在 5 岁开始发展，而消费观则是更早就有了。从看到父母消费开始，孩子就慢慢形成了自己的消费观。孩子会下意识地模仿妈妈的冲动消费行为。

经过咨询，这位妈妈渐渐意识到让女儿不乱花钱，要先从改变自己的购物习惯做起。

二、给孩子“打样”之二：生钱有方

一个做家庭教育的朋友说过一句话，令我印象深刻：“父母可能是孩子发展的天花板，也可能成为他们的脚手架。”

以风靡的“富爸爸”和“穷爸爸”为例，财富认知的不同导致他们的财富格局不同，孩子从他们身上学到的东西也大不相同。

“富爸爸”让钱为他工作。赚到钱后，“富爸爸”不断购买或创造提供现金流的资产，从而获得真正的财务安全。“富爸爸”的孩子学到——不断学习财富知识，不背上数额过大的债务包袱，为自己工作，获取真正的资产。

而“穷爸爸”为钱而工作。他害怕承担风险，渴望用钱来购买更多的快乐、舒适和安全感。所以“穷爸爸”不得不拼命工作，提高收入，但是收入的提升又会催生新的欲望和对未来的焦虑和恐惧，这使得“穷爸爸”会一直追着钱跑。“穷爸爸”的孩子学到——努力学习，为了生活而工作，赚到钱后去消费，消费后再继续赚钱。当然，这种对比仅是一种参考。

没有人能教别人自己不知道的观点。父母的认知宽度，会影响孩子的认知范围。要想让孩子从小养成财富思维和习惯，父母最好也同步学习金钱知识，学会使用钱，而不是害怕它或是避而不谈。

有些家长担心：自己缺乏专业的金融背景知识，又该怎么帮助孩子建立财富认知呢？其实，**和孩子一起读书、玩游戏，一起成长进步，也是很不错的方式。**

比如，通过玩桌游的方式，引导孩子用一种“安全”的方式来模拟人获取财富的过程。我家孩子很喜欢儿童版“现金流游戏”。“现金流游戏”的“主角”是几只颜色不同的老鼠。所以，“现金流游戏”又被孩子和他的同学亲切地称为“老鼠棋”。

“老鼠棋”的规则是一方的被动收入超过主动收入时就获胜。被动收入是指除工资以外的收入，比如资产。玩家获得收入后，最好尽可能多购买资产。游戏中，孩子们要不断地计算手上的收入和负债，换取资产，使得代表被动收入的三角形越来越多，最终实现财富自由。

孩子大一点时，全家还会一起玩卡坦岛游戏。卡坦岛游戏的规则是尽可能多地收集资源，在岛上建设道路、村庄、城市，购买开发卡等。而第一个积累资源总分达到 10 分的玩家获胜。玩游戏的过程中，每个人很难仅依靠自己生产得到发展所需的所有资源。所以，玩家之间既要竞争，也要通过灵活的交易达成合作。

玩游戏的好处是将对孩子来说比较难懂的理念和知识转化成了游戏规则和目标，使孩子不知不觉对“要多创造被动收入”“资源是财富的一种形式”等理论，多了一份感性认识。这些“生钱”的认知，就像一颗小小的种子种在孩子的心中。

为孩子的人生“打样”时，不是说父母一定要在某个领域树立一个尽善尽美的榜样，而是让孩子看见父母对待事物的积极态度和习惯。

没有完美的孩子，也没有完美的父母。每个人都需要成长。父母和孩子可以互为老师，当孩子发现父母在自己不熟悉的领域，也会努力和他一同学习时，他会被不断激励。

三、给孩子“打样”之三：护钱有法

父母还常常会担心，孩子们的成长深受互联网和手机的影响，要是不小心落入有金钱风险的陷阱怎么办？公众号、直播、短视频、网络平台上充斥着各种信息，孩子要是碰到金钱风险，又应该怎么办呢？

一个咨询者说，她会想想自己平时如何分析各种各样的信息，去芜存菁。而让她避开风险的最大心得，是不断建立和强化理性的思考方式，避免冲动决策，尽可能拉长决策的过程。

比如，遇到网络平台或电话推荐五花八门的高收益投资产品时，她心动过，也踩过坑。后来，她反思自己当时根本没有仔细查验对方的资质信息，也没有评估有哪些隐藏的风险，只是一味相信丰厚的收益不久就能到账，匆忙做出决定后，结果损失了本金。

此后，她在做决策之前会“强迫”自己留出不少于一个月的思考时间，多方收集信息，并将风险逐条写下来，细细比较。

除了自身不断培养理性思维，她将“场景案例法”引入孩子的金钱风险教育中。在孩子小的时候，和孩子交流、探讨生活中曾经遇到，或者听说过的金钱风险事件，带着孩子一起看通俗易懂的经济学、逻辑、思维类等书籍，开阔眼界，不断提升辨识力。

她还常常和孩子一起读广告，玩“跳出信息”的游戏，锻炼孩子理性思维的能力。具体做法如下：

看到一则广告时，让孩子想一想：这个广告的目的是什么，它想让你做什么呢。再看看，广告里哪些信息是观点、哪些是情感描述、哪些是事实。

有哪些隐蔽信息，广告里没有提到？比如：有些食物经常吃是否对健康有利？

广告推销的观念在现实中真实可行吗？比如：真的有稳赚不赔的事吗？

你是真的需要它，还是想要它？

需要是不可或缺的东西，想要是主观的愿望和感受。有时候想要等于需要，有时候想要大于需要。一个人得到了想要的东西，就一定能满足自己的需要吗？

在这样的沟通下，孩子思考问题时，能够感受到环境、情绪、经验、他人等对自己决策的影响，更理性做出选择。

真正的金钱教育，是用自己的人生给孩子“打样”。父母尽可能给予孩子精神的支持、智慧的启发、信念的培养，这些行动看似无形，实则影响深远。

而且，父母也不用顾虑自己是否“成功”或“正确”。一旦拥有做完美父母的执念，反而容易苛责自己，患得患失。只要你在未知的新领域，始终带着孩子般的好奇心，以及在各种生活的练习里呈现出真实的成长状态，就是给孩子最好的榜样。

▼ 第二节　该不该对孩子说“赚钱辛苦，我们家不富裕”

当孩子在生活中遇到各种各样的金钱问题时，是一个非常好的沟通契机。教育家默克多说过：“金钱教育是人生的必修课，是儿童的教育中心，就如同金钱是家庭的重心之一一样。”

一、谈钱时，别带着情绪

有位妈妈下班回家后，发现给孩子花了上千元买的玩具飞机被摔坏了。妈妈火冒三丈，教训了孩子一顿，数落孩子“不懂得珍惜钱”。

事后，妈妈又有些自责，觉得自己不应该发这么大的火。我问这位妈妈，如果玩具不花钱，还会这么生气吗？这位妈妈愣了一下，想了想说，可能还是会生气，但是不会发这么大脾气。她又说，自己平时都不舍得买件好衣服，省吃俭用给儿子买了最贵、最新款的玩具，却被“玩坏了”，这让她觉得委屈。

父母和孩子谈钱时，常常会将“情绪和以往的经验”加入，这些都可能会决定孩子将来对待金钱的态度是丰盈还是匮乏。

这位妈妈和我聊完后反思，摔坏玩具固然不对，但自己发这么大火也没必要，主要是“过度补偿”的心理在作怪。其实，只要直截了当地和孩子对话，告诉孩子什么是对的、什么是不对的，孩子通常都会明白其中道理。

普通的父母给孩子花钱，有远见的父母会和孩子谈钱。有时候难免因为一时的情绪失控，实行了错误的管教行为，也没有关系。父母可以在发现自己的错误后，真诚地向孩子说对不起。承认和纠正错误是一个人自信、勇敢的表现。

二、谈钱时，只谈“事实”

很多父母会对孩子说，“赚钱这么辛苦都是为了你，你懂不懂”“你以为咱家多有钱？省着点花”。可能父母只是无心之语或发发牢骚，想让孩子明白父母的付出，珍惜现在的学习和生活条件。

但是孩子接收到这样的话语时，容易产生内疚感，觉得父母为自己付出和牺牲太多，甚至觉得自己和父母之间就是“回报”和“被回报”，而不是“爱”和“被爱”、“鼓励”和“被鼓励”的关系。这种负疚感甚至会延续到孩子成年,即使合理的花费，孩子也会非常纠结，舍不得，自我肯定感低。

如果父母说“赚钱很辛苦”时，只是陈述事实，不带有潜在的主观评价，例如“你根本都不懂得父母有多辛苦”。对孩子来说，就不太会产生负作用。

比如，和孩子商量买礼物时，父母可以说：“爸爸妈妈赚钱很辛苦，和你商量一下，一年买两次礼物，在你生日的时候和元旦的时候，每次买礼物的金额在 300 元以内。万一有特别喜欢的，稍稍超出一些，可以商量。如果你买礼物的钱不到 300 元，省下来的钱可以用来买零食。这些都由你自己决定，你觉得如何？"

父母用平和的语气和真诚的态度去跟孩子交流，常常会得到同等的回应。在人和人的沟通中，谈话内容只占信息交换量的 7%，占 38% 的是音调和音量，55% 的信息交换来自眼神、肢体语言、情绪乃至气场。父母的心态和出发点很重要。

当孩子犯错时，可以不断地解释给他们听。尽量不要用"居高临下"的语气和孩子交谈，这样会使亲子之间产生隔阂感，阻碍真正的沟通。

三、不回避和孩子谈钱

《反溺爱》的作者罗恩·利伯说："孩子只有从小懂钱，长大才会真正富有。"

不过，还是有很多家庭回避和孩子谈钱。比如：关于要不要告诉孩子家里的真实收入情况，一部分选择"不告诉"，害怕孩子因此"躺平"；还有一部分选择"告诉"，孩子上初中以后，可以慢慢让孩子知道家里的真实收入情况，对真实的世界有所了解。

到底要不要告诉孩子家里的真实收入？这个问题并没有一个标准答案，这既要考虑孩子的年龄、认知成熟度，也要看家庭平日的沟通习惯和财商培养的方式。就算不告诉孩子家里的收入，父母至少可以和孩子沟通以下几个方面的问题：

——告诉孩子钱是从哪里来的。比如：一部分收入是工作所得，还有一部分收入是理财收益、兴趣收入、写作版税等。

——告诉孩子家庭真实的支出状况。比如：必须支出，包括孩子的学费、水电等生活基础开支、保险费用等；可选支出，包括外出就餐、游玩的费用、兴趣班费用等。

——告诉孩子家庭如何理财。比如：每个月将收入的多少先存起来，或是进行投资，投资金额和种类大致怎么确定，如何分散风险。

不论是否告诉孩子家庭真实收入，父母最终的目标是希望孩子既不随意挥霍金钱，也落落大方地对待金钱、不斤斤计较。所以，最重要的还是父母本身拥有合理的金钱观，并传递给孩子。只要家长对待金钱态度中立，不过分看重，也不盲目崇拜，孩子也会避开自卑或攀比。

父母害怕和孩子谈钱，部分原因是担心孩子沾了钱，会变得“眼里只有钱”，或是“觉得金钱是万能的”。

其实，越不和孩子正面谈钱，反而越容易使孩子得不到正面的金钱认知。电视、网络新闻、聚会时成年人的交谈、孩子之间的交流等都会传递种种金钱信息，孩子会不由自主地拼凑、猜测看到的和听到的信息。如果缺乏正面对金钱认知的引导，孩子很有可能会从小形成一些错误的理念。

聪明妈妈要善于创造沟通场景。餐桌教育是非常好的方法，比如和孩子聊聊推荐给他们看的财商书籍、电影；孩子学校或是社会发生的金钱事件等。看着是随意的闲谈，但是只要父母认真对待，都会给谈话赋予教育的内涵。

“不谈钱”和“看重钱”一样，往往是一种不够自信的表现。

四、谈钱时，不能只谈钱

还有个别家庭和孩子谈钱的方式，就是用自身行为告诉孩子“金钱就是表达爱的唯一方式”。

和很多同龄人相比，小西的经济条件优渥。由于父母平时忙于生意，很少和她聊天。父母除了每个月给她很多零花钱，还会给她买各种礼物，比如背包、项链、衣服等。这给了小西一种错觉，即金钱是人际关系中表达心意的重要方式，也是自身能力的体现。

金钱确实重要，可是人生的意义远不止金钱。金钱可以买来礼物，但买不来朋友；金钱可以买来书，但买不来知识；金钱可以买来钟表，但买不来时间；金钱可以买来房子，但买不来家庭。

我很欣赏的一个妈妈，养育孩子的过程中，她获得了教育博士学位，而自己的三个孩子也先后考进了著名大学。在她看来，让孩子知道金钱不能买什么是很重要的“财商教育”。

比如，她出差两周时，会给孩子准备很多个小礼包，每天可以拆开一个。朋友以为这些小礼包一定精致又贵重，她却说小礼包都是用普通的纸袋装的小东西，只是希望通过这种方式让孩子感受到妈妈一直在用心爱他们。

每逢孩子表现优异，她很少会用金钱来奖励，而是代之以快乐的家庭游戏。在她看来，父母总觉得工作就能给孩子创造更好的条件，提供更好的生活，殊不知，孩子最需要的其实是父母付出时间和心意。

总之，聪明妈妈会和孩子“谈”钱。“谈”主要是沟通。沟通是双向的，父母和孩子彼此看到、听到、有回应，让财商教育在爱中直达内心。

▼ 第三节　学校要办跳蚤市场，妈妈怎样锻炼孩子的“创富”精神

在一次讲座上，一个经营有机食品的妈妈分享了她带孩子参加食品展销会的经历。

当时，这位妈妈拿给孩子一些海报，让他帮忙派发。孩子第一次做“销售”，难免紧张。他害羞地站在摊位前，望着来来往往的人，不敢开口。这时，有位好心的阿姨经过，从孩子手中主动拿过宣传单，还与孩子聊了几句。得到鼓励的孩子很开心，主

动跑过来向妈妈了解产品的信息，再传递给询问的大人们。后来，孩子还卖掉了好几样东西。

参加了展销会后，孩子萌生了“创业”的想法。他想找自己的同伴，利用业余时间来创办一家企业，可惜没有什么回应。但是孩子并没有沮丧，他又找到了一个新点子：通过网络在线为一些孩子教授英语。

听完这位妈妈的分享，我想起投资家罗杰斯鼓励自己 14 岁的大女儿乐乐学着赚钱的经历。乐乐虽然出生在美国，但是能讲一口流利的中文，她主动寻找当中文家教的机会，辅导更小的孩子，每小时能够挣 25 美元。

而股神巴菲特小时候也经常做“买卖”。他曾在当地的图书馆借了一本叫《赚 1 000 美元的 1 000 招》的书，这本书让巴菲特如获至宝。

巴菲特从芝加哥进货卖二手高尔夫球，售价为 6 美元 12 个。高尔夫球的进价是 12 个 3.5 美元。每卖 12 个高尔夫球，可以赚 2.5 美元。他还向内布拉斯加以外的地区出售值得收藏的成套邮票。

巴菲特曾经坐在朋友家的台阶上宣称：“我在 35 岁之前要成为百万富翁。”现在，巴菲特是举世闻名的投资家。

在孩子从小体验赚钱的过程中，可以身体力行地学习如何面对困难、挑战困难。孩子要想获得金钱，就要懂得付出与回报以及为他人创造价值与获得利润的关系。

一、让每个孩子都能开展“创富”实践的地方：跳蚤市场

虽然不是每个孩子都拥有独立创富的场景和环境，但孩子们天然拥有一个很好的“创富”实践地点：跳蚤市场。孩子在有条件的地方里摆摊，作为摊主，他们要努力售卖自己带来的商品。同时，他们也是小买家，可以挑选自己想要购买的物品。

“跳蚤市场”起源于19世纪末的法国。跳蚤市场一般都是在户外，那里有许多摊贩出售各种各样的东西，有不少都是用过的旧东西，新的东西也有，价钱也很便宜。

不论是学校，还是幼儿园、社区举办“跳蚤市场”，孩子们都非常喜欢。据我观察，孩子的跳蚤市场多半以原生态的交易为主，大都是单人进行，有时候也会分组，但是因为缺乏指导和组织，分组有可能流于形式。

其实，父母可以多和孩子一起讨论，类似“你会选择哪些东西来买卖，你为什么要这样选择”等问题。

——你觉得你的顾客会喜欢你的选择吗？

——你之前买东西的经验对你有哪些启发？

——关于产品定价，是不是只有压低价格这一条路？如果既想销量大，又想买的人多，可以有哪些做法呢？

——销售的当天，如果有的小伙伴特别会还价，你会卖给他们吗？

摆摊类似“最小化的创业”。就像《精益创业》中说，利用最小化可行产品（MVP）去快速验证假设，是创业起步常用的方式。如果父母精心准备，认真对待，能够帮助孩子学到不少经济、商业知识。

有的地方的类似跳蚤市场的活动，叫作“市场日”。五到六个孩子成立一个微型“公司”，共同商量如何选择商品、制作广告、制作产品。有些产品全部或部分是孩子手工所做。一个小组的孩子要有分工，明确谁负责采购，谁负责当天的销售，谁负责成本核算等。

看似简单的“市场日”，其实有特别多有意思的地方。父母还可以和孩子一起动手制作广告牌、商品目录、价格牌等。如果是几个小朋友卖产品，可以提前做好分工，再设计一张名片。孩子们还可以做一张价目表，计算商品的成本、定价。卖完后一起算一算赚了多少钱，再和销售目标进行比对。

二、创造财富有多少种可能

我曾参加过一位作家的教育讲座，感触非常深。她棕色头发，系着优雅的丝巾，颇显智慧。

她精通 8 种语言，出版了多本畅销书。她的两个儿子在 30 岁前，就成为拥有众多资产的富豪，而这都得益于她采用了独特的财商教育方式。

早时，她曾迫于生计，卖起了春卷。在邻居的金钱教育观感染下，她让三个孩子统统加入生意中来，孩子们承担了责任后，更能理解妈妈的艰辛。

她采用“有偿机制”，激励孩子们参与春卷生意。妹妹帮忙准备材料，老大做春卷，老二卖春卷，三个孩子分工合作，共享利润。老二上街卖春卷的挑战最大，得到的报酬也多一些。

后来，她又宣布，将每个春卷以批发价卖给孩子们，他们可以自行加价销售，利润自得，这激发了孩子的好胜心。

三个孩子积极开动脑筋，寻找解决问题的方法。老三沿用了之前的零售方式，加价销售，一个一个卖；老二采用了批发的方式，将春卷全部卖给了一个餐厅。尽管批发比零售利润要低，但是餐厅同意他以后为食堂定期供应春卷。

老大的销售方式最出人意料，他举办了一个相关的讲座，自己主讲。参加讲座的人可以免费品尝美味的春卷，但是需要买入场券。结果老大主办的讲座场场爆满，扣掉场地费用后，他的利润是最高的。

这让她十分吃惊，在她的羽翼呵护下长大的孩子，没想到有如此强大的沟通和解决问题能力。

所以说，创富教育其实是发现真实的问题是什么，思考解决方案，再去创造性地解决这些问题。给孩子千万财富，不如培养孩子创富的能力。金钱只是创富自然而然的产物，并不是追求的主要目标。

在以往的财商夏令营活动中，我也带着孩子们开展过各种商业模拟活动，比如制定预算，帮朋友策划一次主题或生日聚会；设计一个茶饮店，赢取创业基金；为一个古建筑制订改建计划等。

而且，财富本身的形式也是多种多样的。我经常组织孩子们“画”出自己心目中的财富。财富不只是钱，也包括人际交往、身心健康等。孩子们还会学到帮助他人，也是一种很重要的财富。

总之，“创富”并不等于赚钱，而是帮助孩子了解创造财富的可能性，让孩子养成多角度思考问题的习惯。

▼ 第四节　压岁钱怎么打理？和孩子一起规划教育金

“家人共守迎春酒，童稚争分压岁钱。”元代诗人吴当在《除夕有感・其二》中写道。

每到过年，压岁钱被装进一个个红包，交到孩子手上，饱含着亲人的祝福和期许。

我和家中的老人给孩子准备压岁钱时，除了现金，还会额外准备一些“不一样的压岁钱”。

一、给压岁钱不一定要给“钱”

“不一样的压岁钱”之一：生肖贺岁币

人民银行的双色铜合金的兔年生肖纪念币，纪念币的正面是“中国人民银行”“10 元”字样，背面是结合剪纸和年画元素的兔子形象，辅以灯笼等春节吉祥元素，看起来俏皮喜庆。

从 2003 年发行“羊年纪念币”开始，至 2014 年发行了完整的一轮，被称为“第一轮生肖纪念币”。现在发行的是第二轮。

纪念币是为纪念国际或本国的政治、历史、文化等方面的重大事件、杰出人物、名胜古迹、珍稀动植物、体育赛事等而发行的法定货币，它包括普通纪念币和贵金属纪念币。

生肖纪念币一般是春节前发行，需要提前在银行微信公众号或官网上预约。这几年，家中的老人都会预订两套普通纪念币，在过年的时候给孩子发压岁钱，还商定要集齐第二轮的十二生肖纪念币。

“不一样的压岁钱”之二：纪念钞

2022 年，我为孩子提前预约了冬奥会纪念钞。纪念钞是美丽的蓝紫色，正面是冰雪运动员的飒爽英姿，背面分别是冬奥会竞赛场馆“冰立方”和“雪如意”。纪念钞每张面值是 20 元，每个人可以预约 400 元，总共 20 张。

纪念钞发行的品种和数量要比纪念币少，如果有兴趣，可以关注银行等单位的公众号，预约成功后，可以去指定的银行柜台兑换。

“不一样的压岁钱”之三：邮票

我给孩子买过家乡的邮票册，栩栩如生的三国英雄跃然纸上，还能欣赏到“空城计”“三顾茅庐”等一个个小故事。孩子也很喜欢一套画作邮票，包含了“双燕”“水巷”“巴山春雪”等 6 幅精美绝伦的画作。

每逢家人的生肖年，我还会特地购买当年的特色邮票。和画作收藏相比，邮票的花销不大，也更容易存放。每张邮票就像一幅微型的画，我会和孩子一边翻看，一边讨论画面的设计和寓意。

财富是时间的艺术。虽然这些收藏品的增值空间未必很大，但是我希望能让孩子感受到用长久的时间、耐心积攒财富的快乐。

更重要的是，这些纪念币、纪念钞和邮票能带给人愉悦的感受。在收集的过程中，家人一起讨论、欣赏、畅想，度过了亲密的亲子时光，这其实才是财富最大的意义。财富不应该只是冷冰冰的钱，它是一道桥梁，通往快乐与幸福。

压岁钱，应该是孩子拿到的第一笔“赠与”。从所有权角度来说，压岁钱专属于孩子，但是从使用权角度来说，父母可以起到监督作用。

由于压岁钱的“所有权”和“使用权”分离，每年“压岁钱怎么打理”这个话题都会引发很多热议。有的父母觉得，孩子收到压岁钱的同时，自己的人情支出也是等额的，所以直接将这笔钱并入家庭的总账中，或者自己拿来花掉。

每一家的经济状况都不同。孩子拿到压岁钱的时候，往往是家庭金钱教育的“窗口期”，如果家里不是迫切需要这笔钱来支付家庭开支的话，很适合拿这笔钱和孩子聊聊金钱的去向，帮助孩子建立金钱观。

二、第一个罐子：先奖赏自己

孩子小的时候，我会帮他建立三个“透明罐子”。

第一个罐子是快乐的罐子，大约有 1 000 元，可以用来买零食、买喜欢的球队的衣服、周末和同学出去玩、买音乐会员等。设定好预算后，孩子快快乐乐地花钱，满足自己一年来最大的心愿。

其实成年人也应该如此，一年下来，要学会奖励辛苦的自己。给孩子的这笔钱只要不超支，花多少由孩子做主。实在不放心的话，可以简单问一问孩子打算怎么花。

可能有些父母担心孩子乱花钱。其实，有了预算的约束，犯错也不会太离谱。而犯错也是学习的一部分，尤其是孩子能自行纠正的一类错误，比如买了过多的零食、玩具等。

要是孩子成人之后无所顾忌地乱花钱，影响更大。有些人可能由此成为“月光族”，甚至借贷去买超出自己偿还能力的东西，负债累累。

与其父母总是把控主导权，孩子变得懒于思考，习惯依赖父母，不如放手让孩子做主，因势利导，这样更有利于孩子修正错误、完善自我，最终独立成长。

三、第二个罐子：给自己的规划

第二个罐子里是建议孩子存起来的钱。孩子小的时候，我会写上一张纸条，标明这笔钱的数目，以及起存和到期时间，利率是多少。

等到孩子上小学高年级或者中学后，再和孩子聊聊之前已经积攒的压岁钱被用来买了哪些投资品种，为什么买，以及未来如何规划。

孩子给存起来的压岁钱起了个名字，叫作“金蛋基金”。现在这笔钱主要是以定投的方式，放入指数基金组合中。假设某只基金盈利赎回，其本金和盈利都会进入总的投入池子，下一次用来买入新的指数基金。

也有的家庭一早就将孩子的压岁钱投入教育金保险产品中，而且是专项教育金产品。专项教育金产品收益确定、比较清晰明了。你投入教育金保险产品多少钱，孩子上学时能领取多少钱，都是固定的，并写入合同中。

关于孩子的教育金储备，需要注意两点：

孩子教育金的储备周期漫长，可能长达 18 年。在这期间，自己和家人所遭遇的任何一场意外，都可能给家庭的财务带来致命冲击，让你为孩子储备多年的教育金瞬间蒸发。

所以，要想顺利实现教育金储蓄目标，你需要先为自己和家人做足保障，规避教育金漫长储备周期所面对的风险。

要专款专用，避免挪作他用。有的家庭，家长初为父母时为孩子存了一笔教育金，但是不知不觉中就动用了这笔教育专款，几年之后可能变成了各种消费品。等到孩子上学时，才发现教育金准备不足，难免焦虑。

每个家庭都可以根据不同的目标，选择适合自己的教育金模式。借着规划教育金的机会，还可以同孩子聊一聊对未来职业的期许和规划。

四、第三个罐子：给别人的快乐

第三个罐子是专门用来准备给同学的礼物、公益费用等。

对孩子来说，如果专门去讲述给予和付出的意义，总会过于理论化。而鼓励、陪伴孩子付出时间，甚至金钱，自己参与到公益活动中，培养公益意识，父母和孩子都会感受到付出的快乐。当孩子意识到自己在帮助创造一个更美好的世界时，不仅幸福感增加了，也更懂得体谅和感恩。

比如，前两年，家中孩子无意中通过公众号了解到，在上海有几位平均年龄仅 11 岁的中小学生在爸爸妈妈的帮助下，发起了一个环保项目，希望通过这样的行动推广环保袋的使用，减少塑料袋对于环境的危害。

参与公益项目的孩子首先向各个学校的中小学生发起了环保袋图案征集。在他们的微店里，环保袋上的所有图案都是孩子们自主设计的，首批 300 个学生专属环保袋被抢购一空。

发起公益项目的孩子用销售环保袋的收益，循环发起新的环保活动。孩子觉得这个活动很有意义，就从第三个罐子里拿出一笔费用，购买环保袋，以及支付了当天参加上海滨江森林公园西侧滩涂“净滩”活动的交通费和餐费。

当时水边的垃圾中有不少是油性垃圾，还有些散发着浓烈的臭味。参加的孩子们花了几个小时，坚持不懈地翻找和清除，最后孩子们总共清理了 86.6 公斤垃圾，颇有成就感。

公益活动有多种多样的形式，如将不再使用的书籍、玩具捐赠给需要的公益机构；参加跑步、骑行等公益赛事和活动；救助小动物，为小区的流浪猫准备一些食物等。点点滴滴的影响，将在孩子心中播下付出和支持的种子，从而让他们成长为身心健康和胸怀宽广的人。

经济学家艾利说过，每位父母给孩子准备的三个罐子分别是：给他们自己的、给他们认识的人的，还有给他们不认识的人的。这其实是让孩子在日常点滴中学习打理金钱的方法。当孩子长大后，更能懂得控制欲望，正确对待金钱。

结　语

非常感谢你读完这本书。

有朋友问我，你这本书到底想帮读者解决什么问题呢？是获得金钱知识，还是帮她们赚钱，或者是梳理家庭的关系。

我觉得都是，又不完全是。当我写完这本书，我找到了答案：找到愿意在投资和家庭理财方面投入时间和心力的同频人、一起体会财富人生的独立思考和行动者。

在这本书里，我写了很多投资方法，而我自己也全部尝试过。我发现，所谓好的投资方法，一定是经过多方比较，亲身验证后，确定下来最适合自己，并且能长期赚钱的方法。

比如说，我曾经跟投过一个主动基金投资组合，也确实获得了投资回报。后来我发现这个组合的问题是调仓比较频繁，如果投入金额大的话，手续费的“浪费”不少。

经过摸索之后，我在现阶段确立了以指数基金为主，主动基金、股票、可转债等为辅的家庭投资策略，不频繁操作，稳健中求发展。

我有一个朋友长期以股票投资为主，积累了丰富的经验，获利颇丰。她的运气也特别好，每年都会中几只新股，入袋几万元。

另一个朋友以可转债轮动为主，基金为辅。早在 2018 年，她陆续买入一批较低价的可转债。2021 年，可转债行情不错，她的收益大幅跑赢当年以股票为主的朋友。

我们三个人的性格不同，愿意承受的风险不同，操作策略也不同。但是，我们各自选择的理财方式都令自己舒服，且能长期坚持，有所收获。

如何才能在投资和家庭理财道路上不断地发掘自我、更新自我？我和许多朋友交流下来，有一个共识，认为广泛阅读给予了我们不可或缺的养分。本书的最后，我也精心挑选了一些经典的，或者实用性较强的书籍，供你选读。

阅读是积累投资知识，完善家庭理财方案的基础。不过“尽信书不如无书”，还需灵活运用书中的知识。经过时间和案例检验的理论，看的时候很有启发，实践的时候可能发现未必适用，甚至还会带来投资亏损。

投资最终比拼的并非智力，而是对自我、世界的认知。每个人的底层操作系统决定了会有什么样的思维方式，什么样的思维方式就会产生什么样的心态和行为，什么样的心态和行为就会导致什么样的结果。

投资中，还要控制情绪，守住纪律，降伏欲望，才能在投资市场中长期生存下去。这也是我自己在投资中跌倒再站起来，并且不断完善自己理财方案的领悟。

我很喜欢传奇投资者查理·芒格在南加州大学法学院毕业典礼演讲时说的一句话“我的剑只传给能挥舞它的人”。

祝你能尽情挥舞自己的财富之剑，实现自由。

女性理财阅读书单推荐 / 延伸阅读

1.《穷查理宝典：查理 · 芒格智慧箴言录》彼得 · 考夫曼著

2.《财富自由》托马斯 · J. 斯坦利、萨拉 · 斯坦利 · 弗著

3.《肖星的财务思维课》肖星著

4.《有钱人和你想的不一样》哈维 · 艾克著

5.《思考快与慢》丹尼尔 · 卡尼曼著

6.《不再为钱烦恼》松浦弥太郎著

7.《徐远的投资课》徐远著

8.《指数基金投资指南》银行螺丝钉著

9.《钱：7 步创造终身收入》托尼 · 罗宾斯著

10.《千万别说，你懂买房》徐斌著

11.《大话西方艺术史》意公子著

12.《你的第一本保险指南》槽叔著

13.《百岁人生：长寿时代的生活和工作》琳达 · 格拉顿著

14.《老何所依》垣谷美雨著

15.《少有人走的路》M. 斯科特 · 派克著

16.《非暴力沟通》马歇尔 · 卢森堡著

17.《好的婚姻，要守护财产和爱》吴杰臻著

18.《最富足的投资》吉姆·罗杰斯著

19.《给孩子的商业启蒙》刘润等著

20.《反溺爱》罗恩·利伯著